Anja Wanka

Wie viel Berufserfahrung brauchen gute Führungskräfte?

Der Zusammenhang zwischen Berufserfahrung und beruflicher Leistung

Bibliografische Information der Deutschen Nationalbibliothek:

Die Deutsche Nationalbibliothek verzeichnet diese Publikation in der Deutschen Nationalbibliografie; detaillierte bibliografische Daten sind im Internet über http://dnb.d-nb.de abrufbar.

Impressum:

Copyright © Studylab 2018

Ein Imprint der Open Publishing GmbH

Druck und Bindung: Books on Demand GmbH, Norderstedt, Germany

Coverbild: Open Publishing GmbH | Freepik.com | Flaticon.com | ei8htz

Inhaltsverzeichnis

Abbildungsverzeichnis

1 Ausgangslage

Der Weg bis ganz rauf in die „Chef-Etage" kann mitunter ziemlich holprig und langwierig sein. Das gilt allen voran besonders bei jungen Nachwuchsführungskräften. Kaum eine Stellenanzeige kommt ohne den Vermerk der langjährigen Berufserfahrung aus. Es gibt kaum Unternehmen, die das Risiko eingehen, eine Führungsposition mit einem Young Professional zu besetzen. Das ist kaum verwunderlich, klingt doch „Erfahrung" nach viel Wissen und Kompetenz. Gerade junge Menschen, die noch keine Leitungserfahrung vorweisen können, haben kaum Chancen auf dem Arbeitsmarkt und versinken in ihrem Praktikanten-Dasein oder in einer Stelle, für die sie zweifelsfrei überqualifiziert sind. Und so stehen sie vor dem Teufelskreis aus dem es kein Entrinnen gibt: Ohne Berufserfahrung gibt es keinen Job, aber ohne Job kann keine Berufserfahrung gesammelt werden. Bereits Fiedler und Garcia erkannten 1987 das „Problem": „the more experienced leaders are almost invariably preferred over those with less experience" (Fiedler, Garcia 1987: 31).

Aber stimmt diese Annahme, dass mit viel Erfahrung auch die Qualität der Arbeitsleistung steigt, überhaupt? Lassen sich von der Anzahl der Jahre als Führungskraft Rückschlüsse auf die Leistung ebendieser ziehen? Oder wird es Zeit, jungen engagierten Leitungen, die vielleicht gerade erst ihren Abschluss in der Tasche haben eine Chance zu geben, weil Erfahrung eben doch unwichtig ist?

Die vorliegende Diplomarbeit wird genau dieser Frage nachgehen. Sie wird mit Hilfe der einschlägigen Literatur versuchen zu veranschaulichen was genau Erfahrung und Arbeitsleistung ist und wie wichtig sie für die Erfüllung der Führungsaufgabe, insbesondere im Krankenhaus, ist.

1.1 Anforderungen an eine Führungskraft

„Es gibt keine schlechten Mannschaften, Marschall. Es gibt nur schlechte Offiziere." Schon Napoleon Bonaparte wusste um die Bedeutung einer guten Führungskraft.

Frederick Winslow Tayler, ein US-Amerikanischer Ingenieur, versuchte seinerzeit die menschliche Arbeitskraft zu effizieren. Er zerlegte die Arbeitsaufgaben in kleinste Teilaufgaben, trennte zwischen „Kopf- und Handarbeit" und sah den Menschen als Instrument an. Er ging davon aus, dass Menschen genauso wie Geräte eingesetzt werden können. Der Chef sagte was und wie gearbeitet wird und der Mitarbeiter führte aus. Wie eine Maschine die man eingeschaltet hat.

So sollte die Produktivität der Arbeiter gesteigert und der Arbeitsaufwand so gering wie möglich gehalten werden. Die Anforderungen an eine Führungskraft zu seiner Zeit müssten demnach andere gewesen sein, als sie es heute sind. Taylor brauchte keine empathische, mit viel Sozialkompetenz ausgestattete Leitung. Taylor ist vor langer Zeit gestorben und der Taylorismus oder Scientific Management aus den Unternehmen teilweise verbannt. Schon früh wurde erkannt, dass der Mensch als soziales Wesen auch soziale Beziehungen braucht. Die Human-Relations-Bewegung förderte aus dieser Erkenntnis heraus die Pflege zwischenmenschlicher Beziehungen zwischen Führungskraft und Mitarbeiter.

Heute bedeutet Führungskraft zu sein, bestimmte Kompetenzen oder Qualifikationen mitzubringen, Mitarbeitern den Weg aufzuzeigen und diesen mit ihnen gemeinsam zu gehen. Um Führungskraft zu sein, reichen die so genannten Hard skills nicht mehr aus. Dennoch sind „Wissen" und „Berufserfahrung" die gefragtesten Qualifikationen unter Personalern.

Verfügt allerdings die Pflegedienstleitung oder der Pflegedirektor über keinerlei Sozialkompetenz demotiviert das schlussendlich die Mitarbeiter. Intelligente und qualifizierte Arbeitnehmer sind flexibel und verlassen das Unternehmen bei Unbehagen schneller.

Welche Kompetenzen muss eine Führungskraft also mitbringen, was sind Kompetenzen überhaupt und wann und warum entwickelte sich die Ausrichtung der Berufsbildung an Kompetenzen? Das Wort Kompetenz entstammt dem lateinischen „competere", was so viel wie Befugnis oder Zuständigkeit bedeutet.

Der Kompetenzbegriff kann aus unterschiedlichen Betrachtungsweisen heraus definiert werden. Als Linguist definiert Noam Chomsky Kompetenz beispielsweise als „Kenntnis der Sprache, über die Sprecher und Hörer intuitiv verfügen, über die sie aber nur in seltensten Fällen explizit Rechenschaft ablegen können" (Chomsky 1965: 4).

Für Prof. Dr. Volker Heyse sind Kompetenzen „Fähigkeiten, in unerwarteten, offenen, manchmal chaotischen Situationen kreativ und selbstorganisiert zu handeln" (Heyse et al. 2015: 13). Er vertritt die Auffassung, dass Wissen nicht mit Kompetenz gleichzusetzen ist.

Seit Ende der 60er Jahre ist der Begriff in den Sozialwissenschaften gebräuchlich. Aber erst in den 80er Jahren hielt die Kompetenzorientierung Einzug in die Lehrpläne an deutschen Berufsschulen.

Das ist dem gestiegenen Anforderungsniveau, der Ausweitung der Handlungsspielräume und der zunehmenden Bedeutung sozialer Fähigkeiten geschuldet (Vgl. Nickolaus, Walter 2016: 8).

> „Flankiert wurden diese Entwicklungen in der Ordnungsarbeit durch die zunächst in den (groß-)betrieblichen Kontexten einsetzende didaktische Wende, die durch selbstgesteuerte Erarbeitungsformen und Handlungsorientierung gekennzeichnet waren" (Nickolaus, Walter 2016: 8).

Das Ziel der neuen Konzepte war es, Handlungskompetenz zu erwerben. Und nicht nur in der beruflichen Bildung gab es Impulse kompetenzorientiert zu schulen. In der Weiterbildung, sowie in der Beurteilung kommen Kompetenzen zum Einsatz.

Mit dem Kompetenzbegriff einhergehende Kompetenzmodelle wurden stetig weiterentwickelt. Heinrich Roth etwa hatte in seinem Kompetenzmodell von 1971 lediglich die Fach,- Sozial- und Selbstkompetenz beschrieben. Der Pädagoge sah den Erwerb dieser drei Kompetenzen als zentral für die Persönlichkeitsentwicklung. Dr. Theo Hülshoff fügte seinem Kompetenzmodell aus dem Jahre 1996 die Methodenkompetenz hinzu.

Auch im Berufsleben werden häufig die Sozialkompetenz, Methodenkompetenz, Fachkompetenz und die Selbstkompetenz erworben. Sie werden alle unter dem Überbegriff Handlungskompetenz subsumiert und runden damit auch die Anforderungen an Führungskräfte ab. Es lässt sich also nicht genau definieren, was Kompetenzen sind. Je nachdem aus welchem Betrachtungswinkel gedeutet wird, fallen unterschiedlichen Aussagen. Heute ist der Begriff als Suffix unendlich erweiterbar. Es gibt somit allerlei Kompetenzen, die ein Mensch im Laufe seines Lebens erwerben kann.

Auch Jürgen Berthel fragte sich, welche Qualifikationen Führungskräfte mitbringen müssen und kritisierte die Personalverantwortlichen hinsichtlich ihrer Auswahl ihrer beförderten Führungskräfte.

> „Sie sehen große Probleme bei der zutreffenden Bewältigung ihrer zentralen Aufgabe, nämlich „gute" Führungskräfte zu definieren, zu suchen, zu finden, zu halten, zu entwickeln" (Berthel 1992: 208).

Er begründet die Annahme zum einen mit den Änderungen der Arbeitsbedingungen, beispielsweise durch Wettbewerb und ökonomische Unsicherheiten, zum anderen mit der Unwissenheit über notwendige Management-Qualifikationen (Vgl. Berthel 1992: 208).

Er befragte in einer empirischen Studie 64 Spitzenmanager, welche notwendigen Qualifikationen ihrer Meinung nach Führungskräfte mitbringen müssen. Die wichtigsten Qualifikationen waren:

- „Interdisziplinäres Denken und Handeln
- Konzeptionelle Gesamtsicht
- Menschenführung und Motivation
- Kommunikationsfähigkeit und -bereitschaft
- Marktorientierung
- Sachkompetenz
- Wirtschaftliches Grundverständnis
- Kreativität für neue Lösungen
- Lernfähigkeit und Flexibilität
- Entscheidungen treffen / Verantwortung übernehmen
- Kooperations- und Kompromißfähigkeit
- Organisationsfähigkeit
- Technologisch vorausdenken
- Methodenwissen
- (persönliche Eigenschaft)" (Berthel 1992: 211)

So schwierig es ist, eine einheitliche Definition von Führung oder auch Kompetenzen zu finden, so kompliziert ist es auch, einen Konsens darüber zu finden, welche Eigenschaften, Qualifikationen oder eben Kompetenzen derjenige, der führen möchte mitbringen muss. Eine Führungskraft sollte, da schließt sich die Autorin Hülshoff an, Fach,-Methoden,- Sozial – und Personale Kompetenz mitbringen.

Eine kurze Beschreibung der geforderten Kernkompetenzen erfolgt im nächsten Kapitel.

1.1.1 Fachkompetenz

Fachkompetenz bedeutet für Hülshoff „fachliches Wissen besitzen, fachliches Wissen situationsgerecht umsetzen können [und] zum fachlichen Engagement bereit sein" (Hülshoff 1996: o. S., zitiert nach Steig 2000: 7).

Unter dem Begriff der Fachkompetenz zählen alle Kenntnisse und Fertigkeiten, die zur Lösung arbeitsrelevanter Probleme und Aufgaben benötigt werden. Sie werden durch Aus- und Weiterbildung erworben und sind gerade für Führungskräfte an der Basis sehr wichtig, da sie die Leistung ihrer Mitarbeiter zu beurteilen haben.

Für Führungskräfte in höheren Hierarchieebenen (z.B. Pflegedirektoren) spielt die Fachkompetenz dagegen eine unerheblichere Rolle, da er mit den fachspezifischen Aufgaben eines Krankenhauses nichts mehr in Berührung kommt.

1.1.2 Methodenkompetenz

„Wissen, welcher Weg einzuschlagen ist, diesen Weg gehen können und bereit sein, diesen Weg zu gehen" (Hülshoff 1996: o. S., zitiert nach Steig 2000: 10) bezeichnet Hülshoff als Methodenkompetenz.

Bei der Methodenkompetenz geht es unter anderem um das Vermögen, geeignete Hilfsmittel zur Problemlösung zu entwickeln oder bestehende heranzuziehen.

1.1.3 Sozialkompetenz

Die soziale Kompetenz bedeutet für Hülshoff wiederum „Gedanken, Gefühle Einstellungen wahrnehmen können, situations- und personengebunden sich verständigen können und zur Verständigung bereit sein" (Hülshoff 1996: o. S., zitiert nach Steig 2000:21). Diese Kompetenz befähigt zu empathischem Handeln und Interagieren mit Menschen unter Berücksichtigung ihrer sozialen Situation. Gerade für Führungskräfte ist diese Fähigkeit besonders wichtig, da sie unter anderem Ansprechpartner für allerlei Belange ihrer Arbeitnehmer sind.

1.1.4 Personale Kompetenz

Und die personale Kompetenz bedeutet „ein realistisches Weltbild haben, der eigenen Überzeugung gemäß handeln können und zur sozialen Verantwortung bereit sein" (Hülshoff 1996: o. S., zitiert nach Steig 2000:27).

Bei der personalen Kompetenz, oft auch persönliche Kompetenz genannt, geht es allein um die eigene Person.

1.2 Durchschnittsalter von Führungskräften

Laut einer Umfrage von Statista sind Führungskräfte in Deutschland durchschnittlich 51,8 Jahre alt.

Die Statistik sagt aber noch nichts darüber aus, mit wieviel Jahren die Führungskräfte den Job begonnen haben.

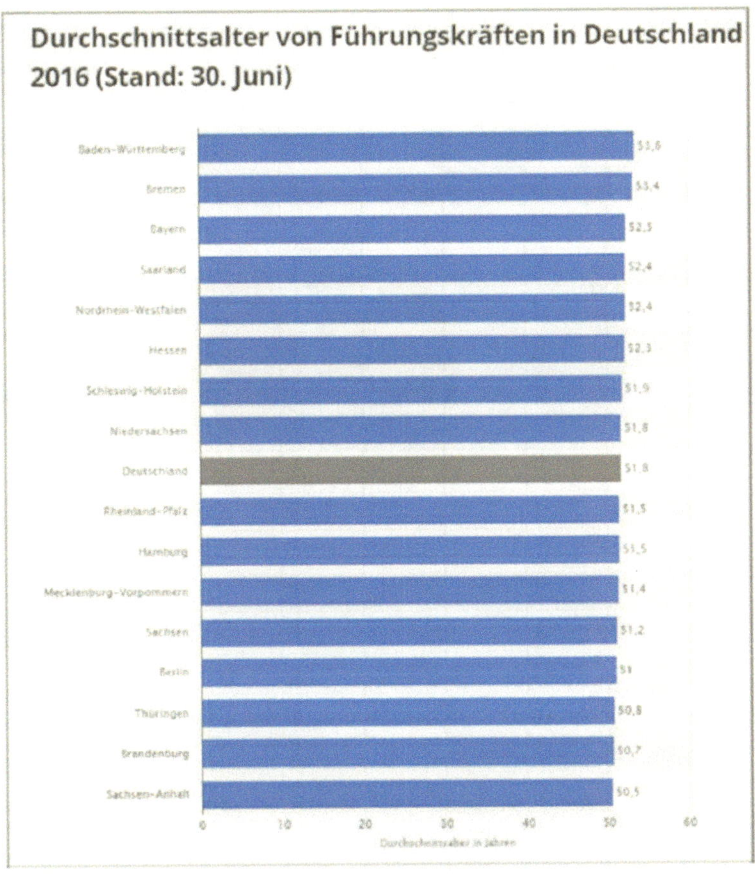

Abbildung 1: Durchschnittsalter Führungskräfte in Dtl. 2016

Deshalb startete die Autorin eine eigene kleine Umfrage, die keinesfalls den Anspruch der Representativität erhebt, um herauszufinden wie alt speziell Stationsleitungen, Pflegedienstleitungen und Pflegedirektoren waren, als sie Führungskraft wurden. Die Umfrage dient lediglich der Unterstreichung der These. Sie wurde im Internet erstellt und „verteilt". Dazu benutzte die Autorin das kostenlose Online tool für die Erstellung. In diversen Foren für Krankenpflege wurde auf die Befragung aufmerksam gemacht.

Es nahmen insgesamt 53 Teilnehmer an der Erhebung teil. 32 von ihnen waren Stations- /Wohnbereichsleitungen, 16 Pflegedienstleitungen und 5 Personen gaben an, Pflegedirektoren zu sein.

Auf die Frage, wie alt Stations-/ Wohnbereichsleitungen waren, als die Position übernommen haben, gaben 10 Befragte an, zwischen 31 und 35 Jahre alt gewesen zu sein. 2 von ihnen waren sogar unter 25 Jahre alt.

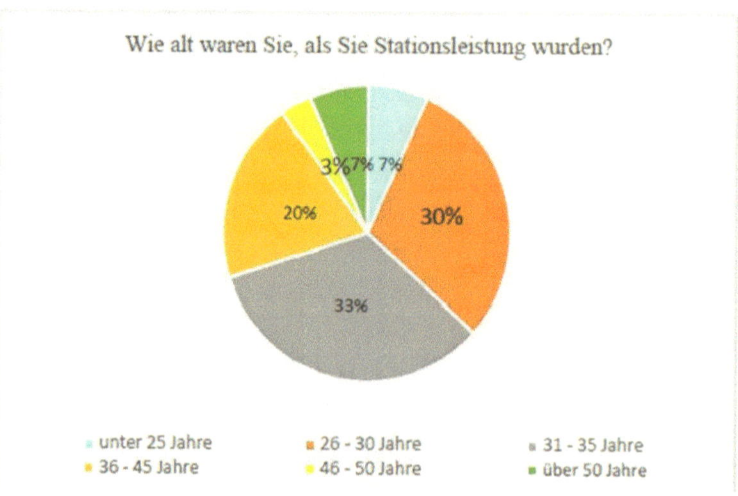

Abbildung 2: Alter Stationsleitungen

Keine der mitmachenden Pflegedienstleitungen waren unter 25 Jahre alt, als sie die Führungsposition annahmen.

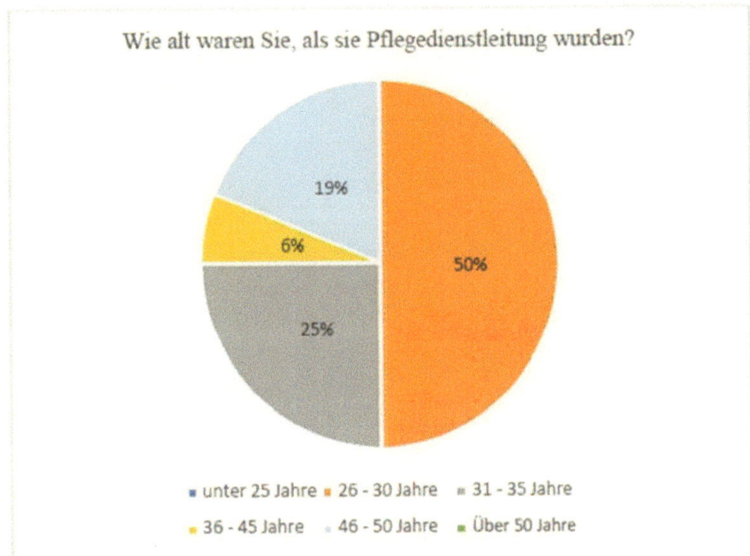

Abbildung 3: Alter Pflegedienstleitungen

Interessant ist folgendes Diagramm. 40% der befragten wurden mit unter 25 Jahren Pflegedirektor. Das ist für die Autorin sehr überraschend und scheint ihre Annahme, dass gerade junge Führungskräfte keine Chance auf eine Position in höheren Hierarchieebenen haben, im Vorfeld zu widerlegen.

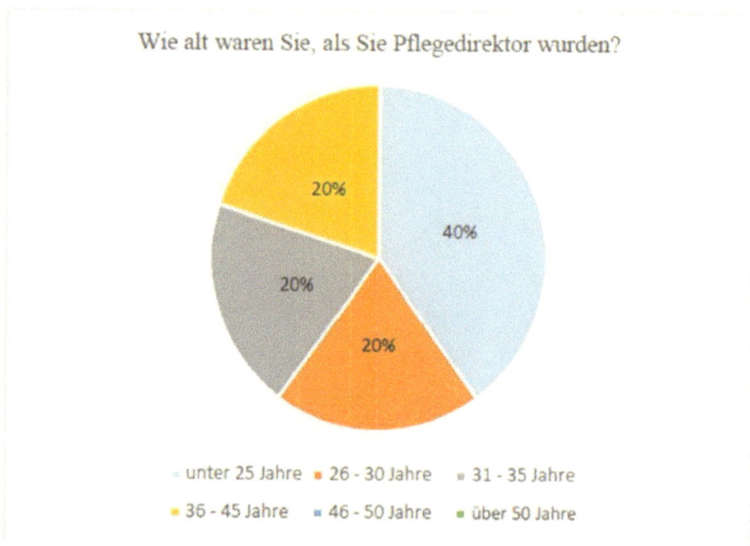

Abbildung 4: Alter Pflegedirektoren

1.3 Demografischer Wandel und Generation Y

Unter dem weitläufig bekannten Begriff des demografischen Wandels verbirgt sich die Alterung der Gesellschaft. Grund dafür, ist, zum einen, die immer besser werdende medizinische Versorgung und der damit einhergehenden Verlängerung der Lebenszeit. Menschen werden in Deutschland heute älter als noch vor 100 Jahren. Während die durchschnittliche Lebenserwartung um 1900 für Frauen bei 52,5 Jahren und für Männer bei 46,4 Jahren lag, können die Deutschen heute damit rechnen, über 90 Jahre alt zu werden (Statistisches Bundesamt). Zudem ist die Geburtenrate seit Jahren rückläufig. So sind im Jahr 1950 noch 1,1 Millionen Geburten registriert worden, während es im Jahr 2015 nur noch etwas über 730.000 waren (Statistisches Bundesamt). Vor allem für die sozialen Sicherungssysteme, wie die Rentenversicherung, ist diese Entwicklung von großer Bedeutung. Ebenso für den Arbeitsmarkt.

Im Jahr 1950 gab es zudem 1,1 Milliarden 40-jährige. Wenn es demgegenüber 1,1 Millionen Neugeborene gibt, gehen 20 Jahre später genauso viele in Ruhestand wie junge Arbeitnehmer nachrücken (Statistisches Bundesamt).

Im Jahr 2017 sieht die Proportion erschreckend aus. Es stehen 970.000 40-jährige nur 705.000 Neugeborene gegenüber (Statistisches Bundesamt). Das bedeutet, dass 20 Jahre später über 260.000 Personen auf dem Arbeitsmarkt fehlen. Diese Lage spitzt sich weiter zu, sodass man annehmen kann, dass es im Jahr 2060 zu 935.000 Renteneintritten kommt, während nur circa 630.000 Menschen in den Arbeitsmarkt eintreten werden (Statistisches Bundesamt).

Viele Unternehmen sind auf das Problem noch nicht vorbereitet und erkennen nicht, dass sowohl Fachkräfte, als auch Führungskräfte fehlen werden. Daher ist es schon heute wichtig, Führungskräfte für morgen zu gewinnen, zu entwickeln und zu halten. Mehr als die Hälfte der Arbeitnehmer werden zukünftig der Generation Y angehören. Sie sind in den 80er Jahren geboren und wuchsen mit neuen Technologien und auch Werten auf. Somit sehen sie sich nicht verpflichtet ihrem Arbeitgeber loyal, über viele Jahre hinweg zu dienen. Sie sind flexibel und haben bezüglich des Arbeitslebens andere Prioritäten. Kienbaum (2009) befragte 189 aktuelle und ehemalige Hochschulabsolventen der Generation Y nach ihren Präferenzen bezüglich der Attraktivität eines Arbeitsgebers. Aus einer Liste von 22 Attributen, welche einen Arbeitgeber charakterisieren, sollten sie 5, für sich, wichtige auswählen. 64% der befragten gaben an, dass eine herausfordernde Arbeit für sie am wichtigsten ist, gefolgt von der Vergütung mit 56,6%. Auf Platz 3 bis 5 stehen „kollegiales Arbeitsumfeld" mit 50,8%, der „Standort", sowie die „Karrieremöglichkeiten" mit jeweils 47,6%.

Eine weitere Studie fragte ebenfalls nach den Anforderungen der Studenten an ihren zukünftigen Arbeitgeber. Ernst & Young (2009) führten ihre Studie anhand von der Befragung von 3000 Studenten unterschiedlicher Studienrichtungen durch.

Auf einer 4-stufigen Likert - Skala (1 „unwichtig, 2 „eher unwichtig", 3 „eher wichtig", 4 „sehr wichtig") wurden von den Studenten folgende Einstufungen vorgenommen:

- Jobsicherheit -> 3,44
- Selbstständigkeit / eigenverantwortliches Arbeiten -> 3,33
- Vereinbarkeit von Familie und Beruf -> 3,25
- Verdienst -> 3,19
- Karrieremöglichkeiten -> 3,05

Sowohl die Kienbaum–Studie, als auch die Ernst & Young–Studie fanden heraus, dass Karrieremöglichkeiten der Generation Y sehr wichtig in Bezug auf die Auswahl des Arbeitgebers sind.

In Anbetracht des demografischen Wandels mit dem damit einhergehenden Fach- und Führungskräftemangel in naher Zukunft, besteht eine mögliche Problemlösung darin, GenYer als Führungskräfte frühzeitig aufzubauen und einzusetzen.

1.4 Zusammenfassung

Das erste Kapitel befasste sich mit der Ausgangslage, welche zur Themenfindung der Diplomarbeit führte. Es wurden die Anforderungen an Führungskräfte aufgezeigt, welche unter dem Oberbegriff Handlungskompetenz subsumiert werden. Das der Kompetenzbegriff ein vielseitig verwendeter, aber immer noch uneinheitlich definierter Begriff ist wurde daneben verdeutlicht.

Die Umfrage zum Alter der Führungskräfte scheint die These der Autorin bereits im Vorfeld zu widerlegen. Im weiteren Verlauf der Diplomarbeit wird zu überprüfen sein, ob die Widerlegung standhält.

Das nächste Kapitel widmet sich der Führung und zeigt unter anderem den Unterschied zum Management auf.

2 Leadership und Management

Menschen werden Zeit ihres Lebens geführt. In der Familie durch die Eltern, im Kindergarten zeigen Erzieher den Kleinen den Weg, in der Schule werden sie von den Lehrern auf das weitere Berufsleben vorbereitet und nicht zuletzt gibt es am Arbeitsplatz auch Vorgesetzte, wenn aus dem Baby nicht selbst einer geworden ist.

Aber „das mit der Führung muss ja irgendwann mal angefangen haben" (Braun 2016: 22), so Dirk Braun, Führungstrainer und Management Coach. Wieso streben Menschen danach, geführt zu werden oder gar selbst zu führen?

Braun erklärt die Geburt der Führung anhand unserer Vorfahren. Denn vor 40.000 Jahren, als es noch keine Elektrizität, fließendes Wasser oder Restaurants gab, musste der Mensch kämpfen. Kämpfen gegen Raubtiere. Kämpfen gegen Kälte. Kämpfen für Nahrung. Und das konnte er schon immer am besten, wenn er sich mit anderen zusammengetan hat.

Das folgende Kapitel widmet sich ganz pragmatisch der Führung und versucht zu veranschaulichen was eigentlich Führung ist und was sie legitimiert. Dabei spielt auch die Unterscheidung zwischen Führung und Management eine besondere Rolle.

2.1 Definitionen und Funktionen

Das Wort Führung ist im deutschen Sprachgebrauch vielfältig einsetzbar. Oft werden beide Begriffe – Führung und Management – synonym verwendet. Nachfolgend wird aufgezeigt, wieso dies irrtümlich ist und worin der Unterschied besteht.

Laut Weibler bedeutet Führung „andere durch eigenes, sozial akzeptiertes Verhalten so zu beeinflussen, dass dies bei den Beeinflussten mittelbar oder unmittelbar ein intendiertes Verhalten bewirkt" (Weibler 2012: 19). Diese Definition kann aber auf alle sozialen Bereiche des Lebens übertragen werden und ist nicht ausschließlich auf Führungsbeziehungen projizierbar.

Von Rosenstiel definiert hingegen so: „Meist wird man bei der Nennung des Wortes Führung an das Handeln von betrieblichen Vorgesetzten denken, die sich bemühen, die Arbeit der ihnen unterstellten Personen zielgerichtet zu aktivieren und zu steuern. " (v. Rosenstiel 1999: 412). Von Rosenstiels Definition suggeriert, dass Führung nur in eine Richtung, also vom Vorgesetzten in Richtung Mitarbeiter, funktioniert. Der modische Begriff „Cheffing" zeigt, dass es auch in die andere Richtung geht.

Eine einheitliche Definition von einem alltäglichen Phänomen ist also recht schwierig zu finden. Neuberger sieht die Annahme ähnlich:

> „Will man sich auf dem Gebiet der Führung orientieren, so trifft man auf unübersichtliches Gelände: Es gibt beeindruckende Pracht-Straßen, die aber ins Nichts führen, kleine Schleichwege zu faszinierenden Aussichtspunkten, Nebellöcher und sumpfige Stellen. Auf der Landkarte der Führung finden sich auch eine ganze Reihe Potemkinscher Dörfer, uneinnehmbarer Festungen oder wild wuchernder Slums" (Neuberger 1995: 2).

Anknüpfend an Braun's Entstehungstheorie der Führung fragt sich die Autorin warum es Führung überhaupt bedarf. Wie konnte sie genau entstehen und warum ist sie in unserer Gesellschaft legitimiert? „Dieser Ursprung von Führung ist unmittelbar mit der evolutionsbiologischen Entwicklung des Menschen verknüpft" (Weibler 2012: 3). Es muss schon früh Führung gegeben haben, denkt man an die Urmenschen mit ihren Höhlenwandmalerien zurück.

> „Dokumentiert ist dies bereits bei den Ägyptern vor 5000 Jahren, deren Hieroglyphen Entsprechungen für den Führungsbegriff besaßen" (Weibler 2012: 1)

> „Seit ca. 2,5 Millionen Jahren lebten dann Menschen (Genus Homo) ... vorwiegend in sehr kleinen Gemeinschaften. ... In Gruppen leben Menschen wie andere Primaten aktiv zusammen, schützen und unterstützen sich gegenseitig und opfern sich in Extremsituationen sogar für das Wohl der Gruppe. ... Der Schlüssel [warum sich Führung herausgebildet hat] findet sich in Kleingruppen, die für ihr Überleben und damit auch für ihre Reproduktion verschiedenste Aufgaben zu bewältigen hatten. ...Es war also ganz praktisch zu entscheiden, wer was, wo und wann unternimmt" (Weibler 2012: 4-5)

Im Laufe der Zeit wurde viel auf dem Gebiet Personalführung geforscht und entwickelt. Heute spricht man eher von einem Leader anstatt eines Führenden.

Aber dann gibt es da auch Manager. Um den Unterschied zwischen Führungskraft und Manager zu verdeutlichen muss man seine Betrachtungsweise verändern. Der Manager sieht, ähnlich wie es Taylor gemacht hat, den Menschen in erster Linie als Werkzeug. Mitunter ist er sogar ein Kostenfaktor. Er will seine unternehmerischen Ziele erreichen und benötigt dafür lediglich das Wissen und die Kraft des Menschen. Eine Führungskraft verfolgt zwar auch unternehmerische Ziele, begreift aber, dass Menschen weder Werkzeuge sind, noch dass sie als solche einfach ausgetauscht werden können, wenn sie nicht mehr „funktionieren". Er betrachtet den Mitarbeiter als Ganzes.

> „Leadership ist die natürliche und spontane Fähigkeit, Mitarbeiter anzuregen, zu inspirieren und sie in die Lage zu versetzten, neue Möglichkeiten zu erschließen und umzusetzen sowie sich freiwillig und begeistert für die Verwirklichung gemeinsamer Ziele einzusetzen" (Hinterhuber, Krauthammer 2001: 15).

> „Management heißt, Probleme auf eine kreative Weise lösen. Dafür gibt es eine Vielzahl von Instrumenten, Methoden und Einstellungen, mit denen die Unternehmung Wettbewerbsvorteile erzielen kann" (Hinterhuber, Krauthammer 2001: 14).

Kotter unterscheidet 10 Jahre früher ähnlich. Auch für ihn ist Führung von größerer Bedeutung, wenn es um turbulente Zeiten geht, welche große Veränderungen im Unternehmen nach sich ziehen.

> „Leadership is an ageles topic. That which we call management is largely the product oft he last 100 years, a response to one oft the most significant developments oft he twentieth century: the emergence of large numbers of complex organizations" (Kotter 1990: 3).

Führung ist laut Kotter also etwas seit Jahren bestehendes, während das Management erst vor rund 100 Jahren, als Antwort auf eine der wichtigsten Entwicklungen des 20. Jahrhunderts, nämlich die hohe Anzahl an komplexen Organisationen, entstand.

Die Kernprozesse des Managements sind Kotter zufolge:

- „Planning and budgeting
- Organizing and staffing
- Contolling and problem solving" (Kotter 1990: 4)
- „Establishing direction
- Aligning people
- Motivating and inspiring" (Kotter 1990: 5)

2.2 Führungsinstrumente

Jedes Unternehmen verfolgt Ziele, die es möglichst wirtschaftlich erreichen will. Führungsinstrumente können als Hilfsmittel für Führungskräfte angesehen werden, da sie „Mittel oder Methoden zur Beeinflussung von Verhalten [im Original fett geschrieben] auf ein bestimmtes Ziel hin" darstellen (Weibler 2012: 395).

> „Sie werden vom Führenden selbst geschaffen ... oder ... von der Organisation zur Verfügung gestellt ..." (Weibler 2012: 395).

Zu den wichtigsten Führungsinstrumenten gehören:

- Information und Kommunikation

  Von Führungskräften wird in der heutigen Zeit ein hohes Maß an Kommunikationskompetenz erwartet. Sie ist das Mittel um Informationen weiterzugeben, Konflikte zu lösen und die Mitarbeiterzufriedenheit zu erhöhen.

- Delegation

  Nicht wenige Führungskräfte machen ihre Arbeit lieber selbst. Klar, denn dann können sie sicher sein, dass es nach ihren Wünschen erledigt wurde. Bedenken werden sollte aber, dass eine Delegation oftmals mit gefühlter Wertschätzung einhergeht und schließlich mit Mitarbeiterentwicklung. Dabei sollten natürlich nicht unliebsame Arbeiten delegiert werden, sondern herausfordernde, gleichsam ist darauf zu achten, dass der Mitarbeiter auch die entsprechende Kompetenz und Motivation zur Erledigung der Aufgabe mitbringt.

- Management by objectives

  Eine weitere Möglichkeit der Einflussnahme sind die so genannten Zielvereinbarungen. Darunter wird die „planerische (gemeinschaftliche) Festlegung der von Mitarbeitern zu erreichenden Arbeitsziele innerhalb eines vorgegebenen bestimmten Zeitraums verstanden" (Weibler, J. 2012: 428). Peter Ferdinand Drucker entwickelte das MbO im Jahre 1954. Die gesteckten Ziele sollten in ihrem Umfang übersichtlich sein und im unmittelbaren Arbeitszusammenhang stehen. Die Erreichung des Ziels wird einer Prämie entlohnt.

- Stellenbeschreibung

  Als weiteres Instrument, dient die Stellenbeschreibung dazu, dem Mitarbeiter aufzuzeigen, was seine Aufgaben im Unternehmen sind, weiter gibt sie die Ziele und Inhalte der Stelle an. Im Tarifvertrag dient sie als Grundlage für die Eingruppierung der Mitarbeiter., sowie für Mitarbeiterbeurteilungen.

- Management by exception

  Beim Führen nach dem Ausnahmeprinzip arbeiten Mitarbeiter eigenverantwortlich innerhalb ihres Verantwortungsbereichs und gemäß ihren Kompetenzen. Das Unternehmen setzt Soll – Ist – Grenzen und greift nur bei Überschreitung jener Grenzen ein.

- Mitarbeitergespräche

  Führungskräfte reden tagtäglich mit ihren Angestellten. Aber hier geht es um das bewusste Gespräch unter vier Augen. Es geht um „sich Zeit nehmen", zuhören. Auch kann jetzt dem Mitarbeiter die Chance für ein Feedback gegeben werden. Er reflektiert seine Stärken und Schwächen, des Weiteren ist es sinnvoll im Gespräch die zukünftige Orientierung des Angestellten zu besprechen. Wie kann man ihn weiterentwickeln damit er weiterhin motivierter Mitarbeiter bleibt. Diese Gespräche sollten bestimmte Regeln beachten. Es bietet sich beispielsweise an, das Gespräch mit etwas positiven Aspekten oder mit ungezwungenem small-talk zu beginnen. Das kann auflockernd wirken und begünstigt die Schaffung von Vertrauen zwischen Vorgesetztem und Mitarbeiter. Des Weiteren sind nicht die Menschen, sondern die Leistungen zu bewerten und Kritik hat immer sachlich zu erfolgen. Am Ende des Gesprächs sollten Ziele für das kommende Jahr festgehalten werden.

- Mitarbeiterbeurteilungen.

  Mit der Mitarbeiterbeurteilung werden „sämtliche Formen der systematischen Einschätzung des Personals einer Organisation" (Weibler 2012: 418) bezeichnet. Dieses Instrument verlangt vom Beurteilenden ein hohes Maß an Sozialkompetenz, da die Beurteilung weitreichende Folgen für das weitere Arbeitsleben haben kann.

  Erfolgt die Beurteilung aufgrund des Austretens des Arbeitsnehmers aus dem Unternehmen handelt es sich um ein Arbeitszeugnis mit dem Rechtsanspruch der Wahrheit und des Wohlwollens. Das Zeugnis darf demnach nichts Unwahres enthalten und dem Arbeitnehmer keine Steine in den beruflichen Weg legen.

2.3 Führungsstile

Ein Führungsstil ist die „typische Art und Weise des Verhaltens von Vorgesetzten gegenüber einzelnen Untergebenen und Gruppen" (Gabler Wirtchaftslexikon, Stichwort: Führungsstil URL: http://wirtschaftslexikon.gabler.de/Archiv/55805/fuehrungsstil-v5.html [Stand: 22.08.2017]).

Es lassen sich zwei große Strömungen von Führungsstilen unterscheiden. Zum einen gibt es die tradierenden Führungsstile von *Max Weber*. Er unterscheidet den patriarchalischen, autokratischen, bürokratischen und charismatischen Führungsstil. Der *patriarchalische Stil* ist durch einen autoritären Vorgesetzten gekennzeichnet. Er allein herrscht in seinem Unternehmen, seine Mitarbeiter, die Untertanen sind zum gehorsam verpflichtet. Seine Mitarbeiter benötigen kein Vorwissen und werden bevormundet. Der Vorgesetzte nimmt eine väterliche Position ein. Anders als beim *autokratischen Stil*. Hier fehlt es am wohlwollenden „Vater". Der Autokrat ist den Mitarbeitern gegenüber eher distanziert. Vorteile des autokratischen Stils sind unter anderem durch eine hohe Entscheidungsgeschwindigkeit und eine gute Kontrollmöglichkeit gekennzeichnet. Für das Personal wiederum gibt es bei beiden Führungsstilen keinen Spielraum, alle Entscheidungen gehen vom Führenden aus.

Beim *bürokratischen Führungsstil* sind es die Strukturen, das Reglement das die Mitarbeiter lenkt. Sie sind an die vorgegebenen Strukturen gebunden und demnach in ihrer Arbeit sehr unflexibel.

Der Ausstrahlung der Führungskraft verdankt der *charismatische Führungsstil* seinen Namen. Verfügt die Führungskraft über eine positive Ausstrahlung werden die Mitarbeiter motiviert an die Arbeit gehen. Aber auch hier sind die Mitarbeiter Untergebene und vor einem Machtmissbrauch der Leitung nicht geschützt.

Zum anderen gibt es die Führungsstile von Kurt Lewin. Er unterscheidet den kooperativen, autoritären und Laissez-faire Stil.

Der *kooperative Stil* ist durch die Zusammenarbeit von Führungskraft und Personal gekennzeichnet. Die Vorteile dieses Stils liegen in der Förderung der Kreativität und Eigeninitiative der Mitarbeiter. Zudem werden die Vorgesetzten durch Delegation von Verantwortungen entlastet. Durch die Einbeziehung der Belegschaft in die Entscheidungen kann die Konsensfindung mitunter sehr langwierig sein, was als Nachteil zu bewerten ist.

Der *autoritäre Führungsstil* ist dem autokratischen Stil Weber's nicht unähnlich. Der Vorgesetzte verfügt über die alleinige Entscheidungsgewalt, die Bedürfnisse der Mitarbeiter werden nicht beachtet, weshalb es nicht verwundert das die Motivation und Arbeitsleistung der Arbeitnehmer sinkt.

Keine Regeln und Anweisungen sieht der *Laissez-faire Stil* vor. Die Mitarbeiter entscheiden allein und gestalten ihr Arbeitsumfeld eigenständig. Das kann zu unterschiedlichen Arbeitsleistungen führen. Vielfach wird die Arbeit auf das nötigste reduziert.

2.4 Zusammenfassung

In diesem Kapitel ging es zum einen um die grundsätzliche Unterscheidung zwischen Leadership und Management. Während Führungskräfte den Mitarbeiter als Ganzes sehen, Motivator und Visionär sind, verlieren Manager dies aus den Augen und sind für Planung und Organisation zuständlich. Für das Unternehmen sind beide gleichsam bedeutend. Zum anderen wurden einige Führungsinstrumente, die als Hilfe für Leitungen zum „lenken" ihrer Arbeitnehmer angesehen werden können, vorgestellt. Auf die Führungsstile Weber's und Lewin's wurde ebenso eingegangen.

Der nächste Textabschnitt behandelt die Operationalisierung.

3 Operationalisierung

Da es in den nächsten Kapiteln unter anderem auf die Operationalisierung von Begriffen geht, wird in diesem Kapitel kurz erläutert was es damit auf sich hat.

3.1 Begriff

Die Operationalisierung ist ein wesentlicher Bestandteil der qualitativen und quantitativen Forschung.

> „Unter der Operationalisierung eines Begriffes ist die Angabe derjenigen Vorgehensweisen, derjenigen Forschungsoperationen zu verstehen, mit deren Hilfe entscheidbar wird, ob und in welchem Ausmaß der mit dem Begriff bezeichnete Sachverhalt in der Realität vorliegt" (Kromrey 1994: 126).

Klüver formuliert Operationalisierung etwas einfacher: „Aussagen können nur dann als wissenschaftlich sinnvoll akzeptiert werden, wenn die in ihnen enthaltenen relevanten Begriffe operationalisierbar sind, da nur dann festgestellt werden kann, ob diese Aussage zutrifft" (Klüver 1980: 464, zitiert nach Stier 1999: 30-31).

In der vorliegenden Diplomarbeit geht es vorrangig um die Operationalisierung von theoretischen Konstrukten, wie Erfahrung und berufliche Leistung, welche nicht direkt beobachtbar und messbar sind. Deshalb werden Indikatoren gebildet um diese einer Messung zugänglich zu machen. Diese „Anzeiger" sollten besser beobachtbar sein als der zu beobachtende Begriff.

Indikatoren, welche die berufliche Leistung einer Führungskraft abbilden, können beispielsweise die Mitarbeiterzufriedenheit oder die Fluktuation sein. Die Operationalisierung eines Begriffs, welcher keinen direkten empirischen Bezug aufweisen kann, erfolgt in zwei Schritten. In einem ersten Schritt werden Indikatoren gebildet, indem „Begriffe der Beobachtungssprache zu Begriffen der theoretischen Sprache" (Bungardt 1981:7) zugeordnet werden. Zudem werden Korrespondenzregeln formuliert. Wenn der Indikator „Fluktuation" herangezogen wird, um die Arbeitsleistung einer Führungskraft zu messen, könnte die Korrespondenzregel folgendermaßen lauten: „Führungskräfte sind in ihrer Arbeit erfolgreich, wenn die Fluktuation auf ihrem Bereich gering ist". Die Fluktuation ist demnach gering, wenn in einem Jahr nicht mehr als 2 Mitarbeiter den Bereich verlassen (aus Gründen, die in der Führungskraft liegen).

In einem nächsten Schritt werden die Messmethoden ausgewählt (Interview, Beobachtung).

3.2 Gütekriterien

Das Ziel einer Messung ist die fehlerfreie und exakte Erhebung der Ergebnisse.
Dennoch schafft es keine Messung diese Anforderungen alle zu erfüllen.

> „Die tatsächlichen Messwerte geben meist nicht nur die tatsächliche Ausprägung eines Merkmals wieder, sondern enthalten auch Messfehler" (Schnell et al. 2013: 139).

- Objektivität

  Die Objektivität einer Untersuchung ist gegeben, wenn das Ergebnis vom Untersuchenden unabhängig ist.

- Reliabilität

  Unter Reliabilität wird die Zuverlässigkeit einer Messmethode verstanden. Eine Untersuchung gilt als reliabel, wenn das Ergebnis bei einer zweiten Untersuchung unter den gleichen Bedingungen das selbe Ergebnis erzielt.

- Validität

  Bei der Validität geht es um die Eignung einer Messmethode. Hier geht es darum, ob die gewählte Methode wirklich das misst, was sie soll.

3.3 Zusammenfassung

Das vorangegangene Kapitel schaffe einen kurzen Überblick über den Begriff der Operationalisierung, sowie deren Gütekriterien der Reliabilität, Validität und Objektivität.

4 Das Wesen der Erfahrung

Das folgende Kapitel betrachtet die Erfahrung als Ganzes, während im nächsten Schritt speziell auf die Berufserfahrung eingegangen wird.

4.1 Was ist Erfahrung?

Das menschliche Gehirn ist ein unglaublich komplexes und hoch entwickeltes Organ. Es steuert beinahe alle Körperfunktionen des Menschen. In brenzligen Situationen beispielsweise schüttet der Körper Adrenalin aus. Das kann nur geschehen, weil das Gehirn dem Nebennierenmark signalisiert, dass es dies tun soll. Man kann mit Recht behaupten, dass das Gehirn das wichtigste Organ des Menschen ist. Neben allen den Steuerungsprozessen ist es zudem der Speicherort unseres Wissens, unserer Emotionen und unserer Erfahrungen. Wir sind quasi unser Gehirn. Könnte man es transplantieren, würde am Ende ein völlig anderer Mensch mit anderen Charakterzügen und anderen Erinnerungen entstehen. „Erfahrung" ist grob gesagt alles was der Mensch im Laufe seines Lebens erlebt.

> „Die Erfahrung jedes Menschen ist sein persönlichstes, meist auf eigenen Erlebnissen beruhendes Gedankengut und für keinen anderen in derselben Weise verfügbar" (Koller 1989: 11).

Das Wort „Erfahrung" leitet sich „von er-fahren ab, was ursprünglich „reisen, durchfahren, durchziehen, erreichen" bedeutete" (Bruggmann 2000: 39). Ein Mensch kann auf verschiedene Weise Erfahrungen sammeln. Siegfried Koller unterscheidet dabei zwei Wege. Zum einen die persönliche Erfahrung.

> „Die persönliche Erfahrung ist eine ständige, immer weiter wachsende Ansammlung von Erinnerungen an Wahrnehmungen, Tätigkeiten, Erlebnisse ..." (Koller 1989: 11).

Diese Erinnerungen entstehen größtenteils im Alltag (Vgl. Koller 1989: 11) und gewähren Sicherheit. „Was man selbst mitgemacht hat, gewährt eine Erfahrung, nach der man sich in der Zukunft richten kann" (Hammel 1997: 3).

Zum anderen unterscheidet Koller die Allgemeinerfahrung. „Sie beruht auf zwischenmenschlichen Beziehungen und der Notwendigkeit eines Informationsaustausches" (Koller 1989: 11).

Dadurch, dass sich die Menschheit immer weiterentwickelte und dabei auch Begriffe und Bezeichnungen weiter oder neu gebildet wurden, kam es zu einer immer differenzierteren Verständigung. Neue kulturelle, wie zivilisatorische Probleme kamen hinzu, welche bewältigt werden mussten. Diese Erfahrungen wurden schließlich in die persönliche Erfahrung integriert. Auf diese Art der Erfahrung wollen sich Menschen aber in Zukunft nicht verlassen, „da die durch andere vermittelte Erfahrung relativ wenig beeindruckt, motiviert sie nur schwach und ist also wenig lernwirksam"(Hammel 1997: 4).

Auch die Wissenschaft beschäftigt sich mit der Erfahrung. Nur spricht man hier von Empirie. Sie gewinnt ihre Erkenntnisse aus Beobachtungen, woraus wiederum Theorien abgeleitet werden. Während die Menschen im Mittelalter Phänomene, die sich zwar beobachten, aber sich nicht erklären ließen, als Hexerei abtaten, ist unser Drang nach wissenschaftlicher Aufklärung bis heute stetig gewachsen. Doch wie kam es dazu, dass wir heute nicht mehr auf Hexenjagd gehen, sondern nach Wissen und Erkenntnissen streben?

John Locke war es, der den Empirismus begründete. Er sah den Menschen als ein, bei der Geburt, unbeschriebenes Blatt, welches im Laufe des Lebens durch die Erfahrungen vollgeschrieben wird. Nur durch Erfahrungen können wir Erkenntnisse von der Welt ziehen. Ein sehr wichtiger Wegbereiter des Empirismus darf nicht unerwähnt bleiben: Aristoteles. Auch er hatte zu seiner Zeit empirische Gedankengänge. Wie werden aber aus Erlebnissen Erfahrungen? Dass wir in unserer Welt, mit ihrer Fülle an Eindrücken, überleben, hängt ganz wesentlich von unserem Gehirn ab. Tag und Nacht, Stunde um Stunde, ja jede Sekunde prasseln Eindrücke auf uns ein. Wir sehen, fühlen, schmecken, kommunizieren den ganzen Tag. Das wir dabei nicht an Reizüberflutung leiden, verdanken wir unserem Gedächtnis. Das Gedächtnis filtert alle Eindrücke und speichert nur jene, welche für uns wichtig sind.

Dennoch sind Erfahrungen nicht bloß eine Summe aus Erlebnissen, erst der geordnete Zusammenhang erlaubt es, dass daraus Erfahrungen werden.

4.2 Berufserfahrung

Im vorigen Kapitel wurde ganz allgemein die Erfahrung behandelt. Nun steht die Berufserfahrung im Vordergrund.

Für Quinones et. al (1995) ist es „vielleicht eines der am häufigsten anzutreffenden Konzepte in der Personalforschung und -praxis ... [und] für viele Personalfunktionen, wie Auswahl, Ausbildung und Karriereentwicklung relevant" (Übersetz. d. Verf., nach Quinones et.al. 1995: 1).

4.2.1 Definition

Bruggmann definiert Berufserfahrung als „individuelle Erfahrungen, die im Kontext der Arbeit gesammelt werden" (Bruggmann 2000: 46).

Böhme & Potyka definieren Arbeitserfahrung etwas spezifischer: „jener Komplex von Wissen und Fertigkeiten, der auf einem bestimmten Tätigkeitsfeld durch die regelmässige Lösung von entsprechenden Aufgaben erworben wird" (Böhme, Potyka 1995: 68). Damit gehen sie einen Schritt weiter und verknüpfen Arbeitserfahrung an die Bedingung der wiederholten Lösung von Aufgaben. Einige Philosophen sind der Ansicht, dass Erfahrung gleich Wissen ist. Quinones et al. kritisieren diese Ansicht.

> „Altought philosophers have failed to distinguish between experience and knowledge, there are theoretical and practical reasons for differentiating between these two constructs" (Quinones et al. 1995: 889).

Für Sie ist es „clearly not the same" (Quinones et al. 1995: 889), denn „ähnliche Erfahrungen führen nicht zu einem ähnlichen Wissenzuwachs" (Übersetz. d. Verf., nach Quinones et. al. 1995: 3). Als Besipiel geben sie den Besuch einer Vorlesung über die Wirkweise eines Verbrennungsmotors an. Es würde zwar das deklarative Wissen, also das Wissen über Sachverhalte, der Person erhöhen, aber das prozedurale Wissen wird hauptsächlich durch die Praxiserfahrung, also das eigenständige reparieren des Motors, gewonnen.

Berufserfahrene Führungskräfte sind bisweilen selbstbewusster und entschlossener, und fühlen sich in ihrer Arbeitsausführung sicherer als Führungskräfte mit wenig Berufserfahrung (Vgl. Fiedler, Garcia. 1987: 39).

4.2.2 Operationalisierung

Die meisten Studien, die sich mit der Operationalisierung der Arbeitserfahrung auseinandersetzen, messe diese in Zeiteinheiten.

Fiedler und Garcia (1987) stellen fest, dass Manager Erfahrung über die Zeit, die in einer bestimmten Position oder einem bestimmten Job verbracht wurde, messen Es gibt aber auch andere Einheiten, in denen Berufserfahrung gemessen werden kann. Folgend werden zwei Formen der Operationalisierung vorgestellt:

Innerhalb der *quantitativen Operationalisierung* wird zwischen der zeitlichen Dimension und der anzahlbezogenen Dimension

Wie bereits erwähnt, messen die meisten Studien Berufserfahrung anhand von Zeiteinheiten, die ein Individuum auf einer bestimmten Position verbracht hat (Sturman 2003; Schmidt et al. 1988; McDaniel et al. 1988; Kolz et al. 1998). Der Grund dafür besteht in der einfachen Erfassbarkeit dieser Größen. Bisweilen sagt sie aber nichts über die tatsächliche Erfahrung des Individuums aus, da „interindividuelle Unterschiede in der Wahrnehmung, Empfindung und Verarbeitung objektiv gleicher Ereignisse" (Bruggmann 2000: 49) die Erfahrungsgewinnung maßgeblich beeinflusst.

Zeit ist zwar wichtig, aber nicht ausreichend um Wissen und Fähigkeiten, was Erfahrung bietet, zu erlangen (Vgl. Fiedler, Garcia 1987: 32). Eine der Zeiteinheit überlegenere Messung ist die Häufigkeit der Ausführung einer bestimmten Tätigkeit. Auch wenn beispielsweise zwei KFZ-Mechaniker 1 Jahr im Betrieb sind, kann Mechaniker 2 trotzdem mehr Berufserfahrung haben, weil er schon 5 Motoren ein- und ausgebaut hat, anders als sein Kollege. Für Bruggmann (2000) sagt diese Messmethode über die Erfahrung mehr aus als die Messung in Zeiteinheit, da sich die Erfahrung in der Anzahl der Aufgabenausführung bildet. Auch Quinoines et al. (1995) sind der Meinung, dass „the number of times a person performs a particular Task is more relevant than Job tenure for predicting task Performance" (Quinones et al. 1995: 5).

Innerhalb der *qualitativen Operationalisierung* werden die inhaltlichen Komponenten der Erfahrung differenziert. Hier wird die „Komplexität der Aufgaben, Schwierigkeit, Breite, Abwechslung [,] Verantwortung" (Bruggmann 2000: 51) berücksichtigt. Quinones et al. (1995) entwickelten ein multidimensionales Rahmenwerk zur Operationalisierung der Berufserfahrung. Das Modell besteht aus 2 Dimensionen, dem Messmodus mit den Unterkategorien amount (Menge), time (Zeit) und type (Art), sowie der Dimension der Spezifität, mit den Kategorien organization (Organisation), job (Arbeit) und task (Aufgabe).

Es entsteht eine Matrix mit insgesamt 9 Zellen. Jeder Modi (amount, time, task) kann auf drei Spezifitätsebenen (organizational, job, task) operationalisiert werden. Am Ende entstehen also insgesamt neun Operationalisierungsmöglichkeiten.

In ihrer durchgeführten Meta – Analyse stellten auch sie fest, dass die meisten Studien (79,5%) eine Zeitbasierte Messung (time) vornahmen um die Berufserfahrung abzubilden.

Die anderen Studien (11,4%) messen Berufserfahrung anhand ihrer Menge (amount) der ausgeführten Arbeiten. „These studies defined work experience as the number of times performing a particular task" (Quinones et al. 1995: 897).

Sie gehen, wie Bruggmann, davon aus, dass Personen die eine Aufgabe mehrmals ausführen mehr Erfahrung haben. „Individuals performing a task more times are viewed as having more work experience" (Quinones et. al 1995: 897).

Und die letzte Gruppe (9,1%) misst die Berufserfahrung anhand ihrer Art (type).

Hier kann auf das Beispiel aus Kapitel 4.2.1 verwiesen werden.

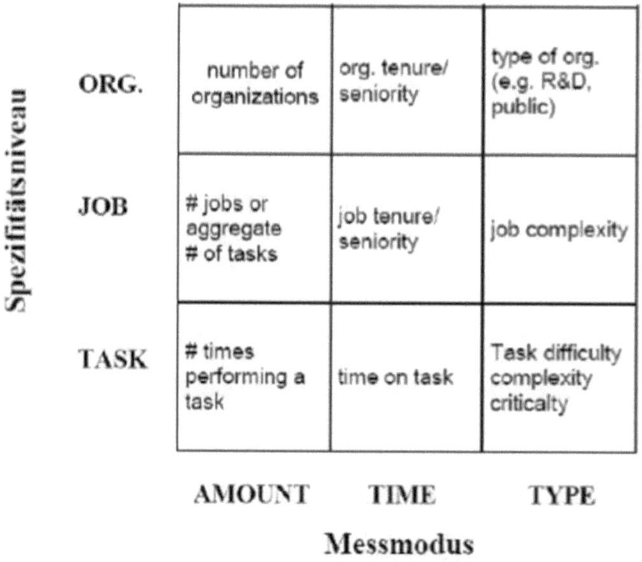

	AMOUNT	TIME	TYPE
ORG.	number of organizations	org. tenure/ seniority	type of org. (e.g. R&D, public)
JOB	# jobs or aggregate # of tasks	job tenure/ seniority	job complexity
TASK	# times performing a task	time on task	Task difficulty complexity criticalty

(Spalten: **Messmodus**; Zeilen: **Spezifitätsniveau**)

Abbildung 5: Multidimensimensionales Rahmenmodell nach Quinones (Quinonesetal et al. 1995: 892)

Die unterschiedlichen Messmethoden der Berufserfahrung sind unter anderem das Resultat einer nicht einheitlichen Definition.

4.3 Berufserfahrung und Alter

Gerade wenn die Berufserfahrung anhand der Jahre, die ein Mensch auf einer bestimmten Position verbracht hat, gemessen wird, steht dies auch immer im Zusammenhang mit dem Alter der Mitarbeiter. Folgt man dieser Annahme, kann sich hin-
ter einem erfahrenen Mitarbeiter kein junger Mensch verbergen, wenn eine Unter-
brechung durch Arbeitslosigkeit außen vorgelassen wird. Da scheint es nicht verwunderlich das Avolio & Waldman (1990) eine positive Korrelation von r= .62 zwischen Erfahrung und Lebensalter herausgefunden haben.

4.4 Zusammenfassung

Die Berufserfahrung ist ein Teilgebiet der Erfahrung und als theoretisches Konstrukt nicht beobachtbar und damit nicht direkt messbar. Der Abschnitt befasste
sich mit Möglichkeiten der Operationalisierung. Demnach gibt es quantitative und
qualitative Messmethoden. Es kann auch eine Mischform aus beiden Methoden verwendet werden. Quinones et al. entwickelten beispielsweise, wie aufgezeigt wurde,
ein multidimensionales Rahmenwerk, in dem sie beide Messmethoden aufgriffen.

5 Berufliche Leistung

Die Mitarbeiter eines Unternehmens sind dessen wichtigstes Kapital. Sie haben maßgeblichen Einfluss über Erfolg und Misserfolg. Können sich die Angestellten mit dem Unternehmen identifizieren, sind sie motivierter und arbeiten effizienter.

Das folgende Kapitel definiert die berufliche Leistung.

5.1 Definition

Auf der Suche nach einer Definition von Arbeitsleistung (engl. Job Performance) stößt man fast an seine Grenzen. Es gibt sie schlicht nicht. Das heißt fast. Es gibt fast nirgendwo eine konkrete Definition von einem Wort, welches so oft verwendet wird.

> „Damit beginnt bereits die Unübersichtlichkeit. Einen allgemein anerkannten Begriff oder auch nur ein einheitliches Verständnis von Leistung gibt es nicht." (Bahnmüller 2012: 5).

Thomas Breisig hielt es schon für „extrem schwierig, ja unmöglich, (Arbeits-)Leistung eindeutig zu definieren." (Bresig 2003: 105) Motowidlo bezeichnet Arbeitsleistung als „[T]he total expected value to the organization of the discrete behavioral episodes that an individual carries out over a standard period of time" (Motowidlo 2003: 11). Für Motowidlo ist Job Performance ein multidimensionales Konzept. Verhalten ist demnach „what people do while at work" (Motowidlo et al. 1997: 72). Jedoch ist nicht das gesamte Verhalten, dass ein Individuum in einem bestimmten Zeitraum (Arbeitstag) zeigt, als Leistung im Sinne von Arbeitsleistung anzusehen. Entscheidend ist nur das Verhalten, welches für die Organisation von Bedeutung ist.

Polzer versteht unter Arbeitsleistung das „was zu einem bestimmten Zeitpunkt, in einem bestimmten Betrieb als Leistung definiert wird" (Polzer 1995: o. S., zitiert nach Bahnmüller 2012: 7). Was Leistung ist, wird somit pragmatisch definiert. Festmachen lässt es sich an den Leistungsmerkmalen, die in den Betrieben und Verwaltungen zum Einsatz kommen (Vgl. Bahnmüller 2012: 5).

Für Ng und Feldman hat sich das Konzept der Arbeitsleistung in den letzten Jahren ausgeweitet und erfasst zudem die Arbeitsleistung als solches, das zusätzliche Arbeitsengagement, welches die Effektivität der Organisation aktiv fördert und stärkt, sowie kontraproduktives Verhalten, welches der Organisation schadet (Vgl. Ng, Feldman 2009: 91).

Sturman (2003) bezeichnet Job Performance als „… highly complex multidimensional construct, with many differences in ist meaning depending on who is evaluating it, how it is evaluated, what aspect is being evaluated …" (Sturman 2003: 4).

5.2 Führungserfolg

Gerade bei Führungskräften verhält es sich ähnlich. Ihre Arbeitsleistung mündet in einem Führungserfolg oder Misserfolg. Es gibt weit über mehrere hunderte Definitionen von Führungserfolg. Meist werden Kriterien verwendet, „die an der Person des Führenden festgemacht und direkt oder indirekt aus der Fremdbeurteilung abgeleitet werden" (v. Rosenstiel 2014: 5). Forscher hingegen, verwenden meist Kriterien die sich auf die Geführten beziehen.

> „Diese lassen sich zum Teil einer Effizienzdimension wie z.B. Quantität oder Qualität der erbrachten Leistung …, zum anderen eher einer Humandimension, wie Arbeitszufriedenheit, Betriebsklima, Konflikthäufigkeit in der geführten Gruppe …. Einige der häufig verwendeten Kriterien liegen zwischen diesen beiden Dimensionen, wie z.B. Fluktuations- und Fehlzeitenrate, Qualifizierung der Mitglieder der Gruppe …" (v. Rosenstiel 2014:5)

Letztendlich bleibt es den Unternehmen vorbehalten, an welchen Kriterien sie die Leistung ihrer Vorgesetzten messen.

Wichtig ist festzuhalten, dass Führungserfolg nicht gleichzusetzen ist mit Organisationserfolg. Aber „Führungserfolg wird nur jener haben, der Organisationserfolg nachweisen kann" (Neuberger 1976: 182).

5.3 Operationalisierung

Das Messen der Arbeitsleistung ist in der Arbeitswelt nicht nur für das Unternehmen, sondern auch für den Arbeitnehmer wichtig.

> „The convergent validity of performance measures is important to academics and practitioners" (Bommer et. al 1995: 587).

Laut Bahnmüller ist eine Messung des Konstruktes „Arbeitsleistung" nicht direkt möglich, jedoch hat man die Möglichkeiten sich über Leistungskriterien eine Annäherung zu verschaffen.

> „Wenn wir wissen wollen, was unter Leistung verstanden wird, wohin sich unser Verständnis von Leistung entwickelt und ob wir Leistung messen können, müssen wir uns deshalb die Leistungsmerkmale anschauen" (Bahnmüller 2012: 5)

Es gibt Bommer et. al (1995) entsprechend die objektive Messung und die subjektive Messung.

> „Objective measures are defined here as direct measures of countable behaviors or Outcomes" (Bommer et. al 1995: 588).

Will man die berufliche Leistung eines Automobilkaufmanns oder -kauffrau messen, ist dies noch relativ einfach, da die Ergebnisse, wie Verkaufszahlen, quantifiziert werden können. Objektive Messungen erfassen also das Ergebnis von Verhaltensweisen, statt dem Verhalten an sich. Diese objektive Messung kann aber durch äußere Einflüsse verzerrt werden. Diese Störfaktoren liegen nicht im Ermessen der zu beurteilenden Person und sind somit nicht verhinderbar. Die subjektive Messung bleibt zwar von äußeren Einflüssen unberührt, dennoch können Beurteilungsfehler zu ungenauen Messungen führen. Hier erfolgt die Beurteilung eines Mitarbeiters durch Dritte, beispielsweise dem Vorgesetzten oder auch durch die eigene Person. „... subjective measures consists of supervisor ratings of employee performance" (Bommer et. al 1995: 588).

Diese Messungen erlauben, anders als objektive Messungen, das Verhalten einer Person zu erfassen. Jedoch werden diese häufig als Unzuverlässig und Voreingenommen kritisch bewertet (Vgl. Bommer et a. 1995: 588). Eine weitere Möglichkeit ist die Verknüpfung von objektiven und subjektiven Messmethoden. Schmidt et al. (1988) operationalisierten beispielsweise die Arbeitsleistung anhand von Arbeitsproben, Job-relevanten Wissen, sowie durch die Beurteilung von Vorgesetzten.

Eine rein objektive Messung durch den Menschen wird allerdings nicht möglich sein, da die Verhaltensbeobachtung, wie bereits erwähnt, einige Fehler aufweisen kann. Ein Fehler ist die „zentrale Tendenz" (Faßnacht 1995: 220). Wird bei einer Beurteilung eine Ratingskala verwendet, so neigt der Beobachter dazu, die Mitte zu wählen. Der „Fehler der Milde oder Großzügigkeit" (Faßnacht 1995: 220) etwa besteht in einer milderen Beurteilung des Beobachtungsobjektes. Der „Primacy – Recency – Effect" (Faßnacht 1995: 221) geht auf den ersten und den jüngsten Eindruck einer Person zurück. Dieser hat maßgeblichen Einfluss auf die Beurteilung.

Ein weiterer Fehler ist der sogenannte „Halo-Effekt" (Faßnacht 1995: 221). Dieser beschreibt zwei Phänomene. Zum einen erfolgen Fehleinschätzungen aus einem herausragenden Merkmal heraus. Zum anderen kann die Beurteilung einzelner Merkmale durch die Gesamtbeurteilung beeinflusst sein.

Eine weitere Verzerrung ist dann gegeben, wenn Vorgesetzte Mitarbeiter mit Erfahrung besser bewerten, weil sie einen „Erfahrungsbonus" erhalten (Schmidt et al. 1986). Quinones et al. (1995) unterscheiden dagegen bezüglich der Operationalisierung die weiche und die harte Art. Dabei entspricht hart gewissermaßen der objektiven Messung und weich entspricht der subjektiven Messung. Auch sie verwendeten, wie Schmidt et al. (1988) sowohl die weiche und harte Messmethode und ermittelten eine höhere Kriteriumsvalidität für harte Messungen, gegenüber soften (r = .39 vs. r = .24).

Will man nun die Arbeitsleistung, sprich den Führungserfolg, eines Leaders messen, müssen Indikatoren herangezogen werden, die diese Leistung in etwa abbilden. Diese könnten unter anderem die Mitarbeiterzufriedenheit, die Fluktuation, die Qualität und die Quantität der Leistung sein.

Um aber Indikatoren für Führungserfolg zu benennen, muss vorausgehend eine Definition erfolgen. Und wie bereits beschrieben, ist dies auch ein schwieriges Unterfangen.

5.4 Determinanten

Die Arbeitsleistung eines Individuums ist von vielen Bestimmungsfaktoren abhängig. Einige dieser Determinanten liegen in der Person des Arbeitnehmers, andere wiederum sind organisatorisch bedingt. Zu nennen wären hier unter anderem die Entlohnung.

Hinsichtlich der personenbedingten Komponenten kann zwischen dem Können und dem Wollen eines Arbeitsnehmers unterschieden werden. Das „Können" bezieht sich auf die kognitive Leistungsfähigkeit, während das „Wollen" den motivationalen Aspekten zuzuordnen ist. Die Diplomarbeit erhebt keinesfalls den Anspruch der vollständigen Auflistung aller Bestimmungsfaktoren. Anschließend erfolgt eine kurze Übersicht über ausgewählte Determinanten.

Die Berufserfahrung als weitere Determinante wird in Kapitel 6 ausführlicher diskutiert.

5.4.1 Allgemeine Intelligenz

Intelligenz ist ein Hauptkriterium für das Auswählen und Fördern von Führungskräften (Vgl. Fiedler, Garcia 1987: 43) und Intelligenztest gehören zu den validesten Testverfahren, auch wenn sie von Bewerbern oft abgelehnt werden (Vgl. Hunter, Hunter 1984: 80).

Viele Studien (Vgl. Mitchel 1970; Harvey et al. 1961; Streufert, Castore 1968) beschäftigten sich mit dem Zusammenhang zwischen kognitiven Fähigkeiten und Leadership und belegten, dass kognitiv besser aufgestellte Führungskräfte eine bessere Performance abliefern als ihre weniger intelligenten Kollegen.

Jochen Kramer (2009) untersuchte in seiner Meta – Analyse die Validität von Intelligenz in Bezug auf die Arbeitsleistung, Lernleistung, berufliche Weiterentwicklung und das Einkommen. Er untersuchte im Rahmen seiner Dissertation 244 Studien, welche in den Jahren von 1928 bis 2006 veröffentlicht wurden. Er ermittelte eine mittlere Korrelation zwischen general mental abilities und Arbeitsleistung von .62.

Hunter & Hunter (1984) ermittelten eine durchschnittliche Validität innerhalb aller, in ihrer Meta-Analyse getesteten Berufe, von .54 bei dem Leistungskriterium Trainingserfolg, und .45 bei Messung anhand der beruflichen Fähigkeiten.

Auch Schmidt et al. (1988) untersuchten, anhand von 1474 Stichproben, die Auswirkung von Berufserfahrung und Intelligenz auf die Arbeitsleistung. Sie wollten herausfinden ob die Beziehung zwischen Berufserfahrung und Arbeitsleistung für Menschen mit hoher und niedriger geistiger Fähigkeit unterschiedlich ist, und damit die Gültigkeit von Intelligenztests überprüfen. Die Arbeitsleistung operationalisierten sie durch Arbeitsproben, Arbeitsrelevantem Wissen und Bewertungen durch Vorgesetzte. Sie fanden heraus, dass sich die Validität von Intelligenztests weder erhöht, noch erniedrigt, wenn die Berufserfahrung zunimmt. Stattdessen bleibt sie relativ konstant.

Ackerman (1987) hingegen, vertritt die Annahme, dass die Bedeutung der Intelligenz mit konstanter Aufgaben abnimmt, da sich die Abfolge solcher Aufgaben selten ändern. Intelligenz bleibt ein, über die Zeit stabiler, beeinflussender Faktor und kann als valider Prädiktor für die Arbeitsleistung herangezogen werden.

5.4.2 Persönlichkeit

War man sich lange Zeit einig, dass Persönlichkeitsfaktoren keinen Einfluss auf die Arbeitsleistung haben, konnten einige Studien das Gegenteil beweisen (Vgl. Hough et al. 1990; Barrick, Mount 1991; Hurtz, Donovan 2000; Salgado 2003).

Barrick und Mount (1991) untersuchten beispielsweise in ihrer Meta – Analyse die Beziehung zwischen den „Big Five" der Persönlichkeit (Extraversion, Emotionale Stabilität, Verträglichkeit, Gewissenhaftigkeit, Aufgeschlossenheit für Erfahrungen) und der Arbeitsleistung innerhalb von fünf Berufsgruppen. Sie fanden heraus, dass gerade die Gewissenhaftigkeit mit der Arbeitsleistung in allen Berufsgruppen korreliert (mean p =.22) Die Extraversion ist dagegen ein valider Prädiktor für Manager und Verkäufer (p = .18 / p = .15), aufgrund ihrer sozialen Interaktionen. Auch anderen Studien zeigten die prädiktive Korrelation der Gewissenhaftigkeit (Vgl. Tokar, Subich 1997; Schneider 1999; Vinchur et al. 1998).

5.4.3 Alter

Dass die kognitiven Fähigkeiten mit steigendem Lebensalter sinken, ist hinlänglich bekannt.

> "Age has been shown to be associated with decreases in performance on tests of learning, memory, reasoning, spatial abilities, and psychomotor Speed" (Sturman 2003: 7).

Viele Studien befassen sich mit dem Zusammenhang zwischen Alter und Arbeitsleistung. Ng und Feldman beispielsweise publizierten eine Studie zu besagtem Thema. Sie kritisierten, dass es bisher zwar Untersuchungen diesbezüglich gab, aber lediglich der Zusammenhang zwischen Alter und Arbeitsleistung im engeren Sinne untersucht wurde. Aufgrund dessen schließt ihre Studie die Kreativität, das Ausbildungsniveau, das Verhalten am Arbeitsplatz, die Sicherheitsperformance, das kontraproduktive Arbeitsverhalten, das aggressive Verhalten und den Substanzmissbrauch am Arbeitsplatz sowie die Fehlzeiten und Absentismus mit ein.

Ihre Studie ergab, dass das Alter keinen Einfluss auf die Arbeitsleistung an sich hat (bis zu r = .0.6), ebenso korreliert es nicht mit der Kreativität (bis zu r= -.0.1). Ältere Mitarbeiter haben laut den Ergebnissen ein besseres Arbeitsverhalten (bis zu r = .0.8), kommen weniger zu spät (bis zu r = -.28) und fehlen weniger (bis zu r = - .26). Das bestätigt auch die negative Korrelation zu kontraproduktivem Arbeitsverhalten (bis zu r = -.12).

Auch Sturman (2003) interessierte sich für den Zusammenhang zwischen dem Alter und der Arbeitsleistung. Er ermittelte, in einer 115 Studien umfassende Analyse, eine schwache Korrelation von .06 wenn das mittlere Alter 17 Jahre beträgt, null wenn das mittlere Alter 49 beträgt und kehrt sich ins negative um, wenn das mittlere Alter über 49 ist. Damit zeigt die Untersuchung eine umgekehrte U-Form auf. Das mittlere Alter betrug 35,5 Jahre und rangierte zwischen 17 und 64 Jahre.

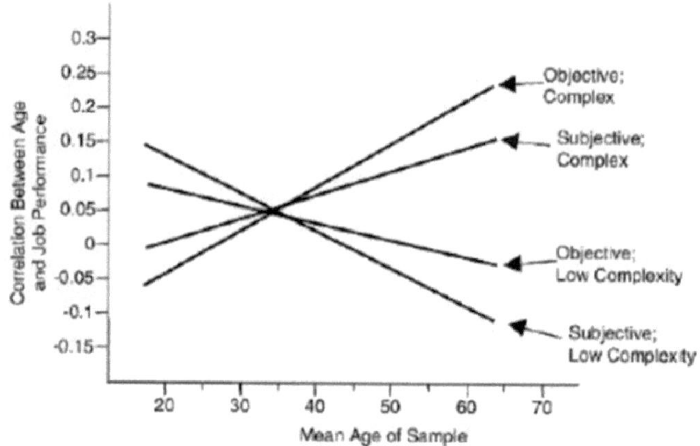

Abbildung 6: Zusammenhang zwischen Alter und Arbeitsleistung nach Sturman (Sturman 2003: 21)

5.4.4 Ausbildung

Stellt die Ausbildung einen Prädiktor für die Arbeitsleistung dar? Ist ein guter Abschluss ein Garant für den weiteren beruflichen Erfolg, oder lässt sich das gar nicht vorhersagen?

Die nachfolgenden Studien nehmen insbesondere für Organisationen einen hohen Stellenwert ein, denn „if highly educated workers contribute only marginally more to organziational effectiveness than less educated workers do, then the higher costs of stuffing with highly educated workers are unlikely to be recouped" (Ng, Feldman 2009: 90). Laut Benson, Finegold und Mohrman (2004) benutzen Organisationen das Ausbildungsniveau als einen Indikator für das Fähigkeitsniveau einer Person.

Ng und Feldman (2009) haben sich dem Thema Ausbildung und Arbeitsleistung angenommen und in ihrer Meta-Analyse akribisch untersucht. Sie werteten 293 empirische Studien aus, welche 332 unabhängige Proben enthielten.

Sie erfassten die Arbeitsleistung anhand von 9 Indikatoren: Aufgabenerfüllung, Ausbildungsniveau, zusätzliches Arbeitsengagement, Kreativität, kontraproduktives Arbeitsverhalten, Aggressionen am Arbeitsplatz, Substanzmissbrauch, Verspätung, Absentismus.

Sie fanden heraus, dass die Ausbildung zwar positiv mit der Aufgabenerfüllung korreliert (r = .24), aber auch dass es keinen Prädiktor für die Weiterbildung darstellt (r = -.0.3). Mit höherem Ausbildungsniveau nahm das Arbeitsengagement (bis zu r= .17) und die Kreativität (bis zu r= .27) zu. Für kontraproduktives Arbeitsverhalten (r= -.0.4), Aggressionen am Arbeitsplatz (r= -.0.9), und Substanzmissbrauch (r= -.28) stellt das Ausbildungsniveau ebenfalls keinen Prädiktor dar, ebenso für Verspätung (r= .0.3) und Absentismus (bis zu r= -.22).

5.4.5 Arbeitskomplexität

In vielen Studien zeigte sich der moderierende Effekt der Arbeitskomplexität auf die Arbeitsleistung (Vgl. Hunter, Hunter 1984; McDaniel et al. 1988; Tesluk, Jacobs 1998; Sturman 2003).

Hunter & Hunter (1984) definieren Arbeitskomplexität als wahrgenommene Schwierigkeiten der Anforderungen. Sie klassifizierten Berufe in fünf große „Berufsfamilien", welche unterschiedliche Arbeitskomplexitäten aufweisen (hohe Komplexität, mittlere Komplexität, geringe Komplexität).

Für Salgado (2017) ist Arbeitskomplexität „a construct that has been shown to be relevantas a moderator of the relationships between a series of individualdifferences variables (e.g., intelligence and personality) and alsoorganizational variables (e.g., job performance and job satisfaction)" (Salgado 2017: 3)

Hunter & Hunter (1984) zeigten auf, dass die Arbeitskomplexität die Schlüsseldimension ist. Demnach fällt die Validität der kognitiven Fähigkeit als Prädiktor, wenn die Arbeitskomplexität sinkt. Die Gültigkeit des Prädiktors „psychomotorische Fähigkeit" nimmt zu, wenn die Arbeitskomplexität sinkt.

5.5 Zusammenfassung

Auch die berufliche Leistung ist ein theoretisches Konstrukt und gerade in Bezug auf Führungskräfte schwer zu messen, oder auch zu definieren. Auf eine einheitliche Definition ist nicht zu hoffen. Fest steht, dass es sich um ein vielschichtiges Konstrukt handelt und von vielen Faktoren abhängig ist. Zu den Determinanten gehören unter anderem die Intelligenz, das Alter und die Berufserfahrung.

Der Zusammenhang zwischen Berufserfahrung und Arbeitsleistung ist Thema des nächsten Kapitels.

6 Zusammenhang zwischen Berufserfahrung und Arbeitsleistung

Eine Reihe von Studien befasste sich in den letzten 30 Jahren mit dem Zusammenhang zwischen Berufserfahrung und Arbeitsleistung. Dabei kamen unterschiedliche Ergebnisse heraus, die nicht zuletzt mit der unterschiedlichen Operationalisierung der Berufserfahrung, sowie aufgrund unterschiedlicher Performancemessungen begründet werden können.

Im Folgenden werden ausgewählte Studien vorgestellt.

6.1 Studie McDaniel, Schmidt, Hunter (1988)

McDaniel et al. benutzten eine Zeitbassierte Messung für die Operationalisierung der Berufserfahrung. Zusätzlich betrachteten sie die Arbeitskomplexität. Untersucht wurden 947 Stichproben mit einer Gesamtprobengröße von 16.058. Diese Proben wurden einer von zwei Jobkomplexitätsgruppen (low complexity oder high complexity) zugeordnet, wo sie wiederum einer von fünf Gruppen der Berufserfahrung (0-2,99 Jahre, 3-5,99 Jahre, 6-8,99 Jahre, 9-11,99 Jahre oder 12 und mehr Jahre) zugeordnet wurden. Sie fanden heraus, dass die Berufserfahrung in beiden Komplexitätsgraden unabhängig der Anzahl der Jahre an Berufserfahrung zwar positiv mit der Arbeitsleistung korreliert (.32), aber auch, dass die Korrelation bei den Stichproben am höchsten ist (.54 für low complexity samples / .42 für high complexity samples), welche die niedrigste mittlere Berufserfahrung aufweisen (0-2.99 Jahre).

> „[T]he correlation is highest for samples with low mean levels of job experience" (McDaniel et al. 1988: 329).

Die Korrelation fällt sogar mit steigender durchschnittlicher Berufserfahrung stark ab. Beträgt die Korrelation für low complexity samples unter 3 Jahren Berufserfahrung noch .54, fällt sie bei einer Berufserfahrung von 12 oder mehr Jahren auf .12 ab. Analog dazu, fällt die Korrelation für high complexity samples unter 3 Jahren Berufserfahrung von .42 auf .16 bei einer Berufserfahrung von 12 oder mehr Jahren. Zudem wurde durch die Untersuchung der moderierende Effekt der Arbeitskomplexität ersichtlich. So ist die Korrelation, bis auf eine Ausnahme, in den low complexity samples stets höher als in den high complexity samples. Das lässt darauf schließen, dass Berufserfahrung gerade für Berufe mit niedriger Komplexität ein besserer Prädiktor ist also für Jobs mit hoher Arbeitskomplexität.

6.2 Sturman (2003)

Sturman untersuchte in seiner Meta-Analyse unter anderem die Korrelation von Berufserfahrung und Arbeitsleistung anhand von 58 Stichproben. Dabei berücksichtigte er die Arbeitskomplexität, sowie unterschiedliche Operationalisierungsformen der Arbeitsleistung (subjektive und objektive Messungen). Seine Hypothese war, dass die Beziehung zwischen Berufserfahrung und Arbeitsleistung für Tätigkeiten mit höherer Komplexität zunächst geringer ist, als für Tätigkeiten mit niedriger Komplexität, und sich diese im Verlauf in Form eines umgekehrten U′s darstellt. Dies begründet er mit der Annahme, dass die Wissensgewinnung in high complexity jobs deutlich langsamer und schwieriger als in low complexity jobs erfolgt. Entgegen seiner Hypothese konnte er einen umgekehrt U-förmigen Verlauf für high complexity jobs nicht bestätigen, jedoch für low complexity jobs.

Bezüglich weniger komplexen Tätigkeiten beträgt die von Sturman ermittelte Korrelation bei einem Jahr Berufserfahrung .18, aber sie sinkt für jedes weitere erfahrene Jahr um .013 bis sie bei praktisch Null ist, wenn die Berufserfahrung im Mittel 15,2 Jahre misst.

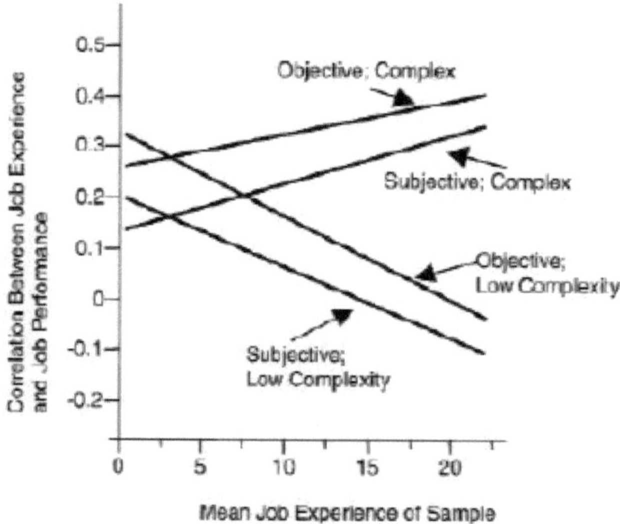

Abbildung 7: Zusammenhang zwischen Berufserfahrung und Arbeitsleistung nach Sturman (Sturman 2003: 21)

Analog dazu verhält es sich laut Sturman mit der Betriebszugehörigkeit. Die Korrelation beträgt bei einer Organisationszugehörigkeit von einem Jahr .13, null wenn die Betriebszugehörigkeit 14,2 Jahre beträgt und geht sogar ins negative, wenn ein Arbeitnehmer mehr als 14,2 Jahre in einem Betrieb ist.

Wie durch die Abbildung 7 ersichtlich ist, wird für objektive Messungen der Arbeitsleistung stets eine höhere Korrelation ermittelt, als für subjektive Messungen.

6.3 Studie Schmidt, Hunter, Outerbridge (1986)

Schmidt, Hunter & Outerbridge (1986) untersuchten in ihrer Analyse den Einfluss von Berufserfahrung und allgemeiner Intelligenz auf die Arbeitsleistung. Die berufliche Leistung wurde durch die Kriterien „Job Knowledge" (Arbeitswissen), „work sample performance" (Arbeitsprobe) und „supervisory ratings" (Vorgesetzten-Beurteilung) operationalisiert. Sie entwickelten auf der Grundlage von Hunter (1985) ein Pfadmodell, erweiterten es um die Variable „Berufserfahrung" und überprüften folgende Hypothesen:

A) Der Einfluss der Berufserfahrung auf das Arbeitswissen ist größer als auf die Arbeitsprobe.

B) Die Erfahrung hat keinen direkten Einfluss auf die Vorgesetzten-Beurteilung, sondern indirekt über die Zunahme von Arbeitswissen und Arbeitsproben.

Sie fanden heraus, dass der Einfluss von Berufserfahrung auf das Arbeitswissen mit .57 (ungruppiert, bzw. .53 gruppiert) stärker ist, als auf die Arbeitsprobe (work sample Performance) mit .18. (bzw. .08).

Eine Korrelation zwischen Berufserfahrung und Vorgesetzten-Beurteilung konnte nicht nachgewiesen werden, sofern das Arbeitswissen und die Arbeitsprobe konstant bleiben. Der Effekt der Berufserfahrung auf die Arbeitsprobe beträgt .18 und ist damit schwächer als der Einfluss des Arbeitswissens auf die Arbeitsprobe mit .66. Jedoch ist der indirekte Effekt über das Arbeitswissen mit .38 deutlich höher (.57 Arbeitswissen x .66 Arbeitsprobe).

Anzumerken ist, dass die mittlere Berufserfahrung in dieser Studie nur 2,3 Jahre bemisst. Die Autoren merken aber an, dass die relative Ungleichheit in der Erfahrung mit hoher durchschnittlicher Berufserfahrung sinkt, und sich somit die kausale Wirkung der Erfahrung verringert.

Als Beispiel geben sie folgendes an: Wenn zu jedem Jahresanfang 100 Menschen für 4 Jahre eingestellt werden, beträgt die mittlere Berufserfahrung nach 4 Jahren 2,5 Jahre. Die am wenigsten Erfahrenen (1 Jahr) haben nur 25% von der Erfahrung der am längsten Erfahrenen (4 Jahre). Die Menge an relativer Ungleichheit ist hier sehr groß. Nach 20 Jahren haben die zuletzt Eingestellten 80% der Erfahrung der zuerst Eingestellten.

Wenn die Berufserfahrung unter den Mitarbeitern gleich ist, wird das Arbeitswissen durch die Intelligenz stärker determiniert, als wenn die Berufserfahrung unterschiedlich ist (siehe Abbildung). Die direkte Wirkung der Intelligenz auf die

Arbeitsprobe ist unabhängig von der Berufserfahrung gleich (.09/.08). Wenn die Berufserfahrung konstant bleibt, beträgt die indirekte Wirkung der Intelligenz auf die Arbeitsprobe .37 (.56 x .66), wenn die Berufserfahrung variiert .30. Die Intelligenz erhöht somit das Jobrelevante Wissen, was wiederum zu einer besseren Arbeitsprobe führt.

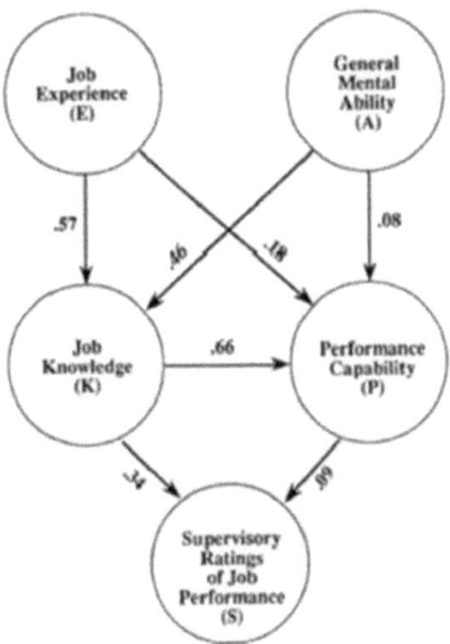

Abbildung 8: Pfadkoeffizienten mit Berufserfahrung nach Schmidt et al. (verändert Schmidt et al. 1986: 437)

Abbildung 9: Pfadkoeffizienten ohne Berufserfahrung nach Schmidt et al. (verändert Schmidt et al. 1986: 438)

6.4 Studie Hunter & Hunter (1984)

Hunter und Hunter (1984) kritisierten Intelligenztests als Prädiktor der Arbeitsleistung und gingen auf Grund dessen auf die Suche nach alternativen Prädiktoren der Arbeitsleistung. Sie ermittelten eine Korrelation zwischen Berufserfahrung und Arbeitsleistung von .18 auf der Grundlage von 425 Studien mit einer Gesamtprobengröße von 32.000.

6.5 Studie Kanning & Fricke

Nicht viele Studien zu der Thematik stammen aus dem deutschsprachigen Raum. Dr. Uwe P. Kanning und Philipp Fricke untersuchten in einer Potenzialanalyse die die Eignung für Führungsaufgaben von 814 Teilnehmer in Form eines Assessment-Centers. Sie betrachteten neun Kompetenzdimensionen und ordneten die Leistung der Probanden auf einer vierstufigen Skala ein.

Die meisten Teilnehmer (66,2%) hatten zum Zeitpunkt der Analyse bereits mehrere Jahre Berufserfahrung als Führungskraft. Die Probanden waren zwischen 25 und 56 Jahre alt. Die entscheidende Frage war, ob Personen mit Führungserfahrung in der Potenzialanalyse besser abschneiden, als diejenigen ohne Führungserfahrung. In nahezu allen (in einem Kompetenzbereich waren sie gleich auf) Kompetenzbereichen, schnitten die Teilnehmer ohne Berufserfahrung besser ab als ihre Kollegen mit Erfahrung.

6.6 Studie Quinones et al. (1995)

Das Rahmenwerk zur Operationalisierung der Berufserfahrung wurde bereits unter 4.2.2 dargestellt. In ihrer Review untersuchten Quinones et al. 25.911 Stichproben unterschiedlicher Forschungen aus der Vergangenheit, ordneten sie nach ihren Messmethoden und entwickelten darauf basierend das Rahmenmodell (Siehe Abbildung 5). Sie operationalisierten die Berufserfahrung sowohl mit objektiven, als auch mit subjektiven Messmethoden.

Unabhängig von der Art der Messung wurde eine positive Korrelation zwischen Berufserfahrung und Arbeitsleistung festgestellt. Wurden dabei harte Messmethoden verwendet, war die Korrelation stärker als bei weichen Methoden. Sie ermittelten eine korrigierte Korrelation von .27.

6.7 Studie Borman et al. (1993)

Borman et al. (1993) untersuchten speziell die Beziehung zwischen der Berufserfahrung von Führungskräften und der Arbeitsleistung ebendieser. Anhand einer Stichprobe der U.S. Army untersuchten sie vier Strukturmodelle um die Beziehung zwischen Berufserfahrung als Führungskraft, allgemeine Intelligenz, Führungswissen, Führungskompetenz und Leistungsbewertungen zu bewerten-Als Ausgangspunkt benutzten sie das Modell von Schmidt et al. (1986) und veränderten es, indem sie einen Pfad zwischen Intelligenz und Erfahrung setzten.

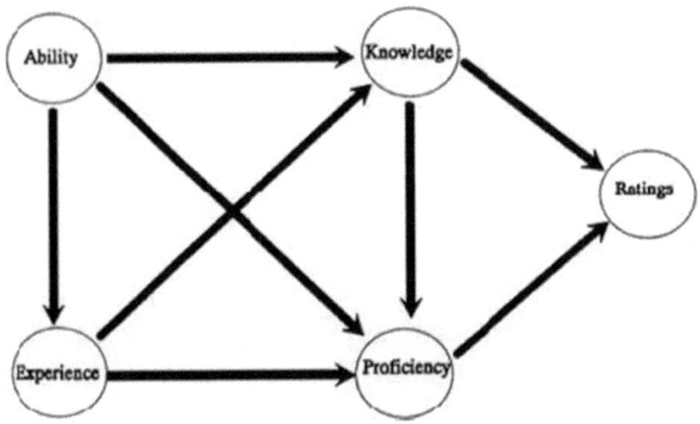

Abbildung 10: Strukturmodell nach Borman et al. (Borman et al. 1993: 444)

Die mittlere Berufserfahrung betrug fast 57 Monate. Sie fanden heraus, dass die Beziehung zwischen Intelligenz und Führungswissen mit .32 am höchsten ist. Die niedrigste Korrelation war mit .07 zwischen Intelligenz und Leistungsbewertungen angegeben. Die Pfadkoeffizienten von Berufserfahrung zu Führungswissen betrug .13 und .19 zur Führungskompetenz.

Die Korrelationswerte erscheinen recht schwach, verglichen mit denen von Schmidt et al. (1986). Das könnte den Autoren zufolge daran liegen, dass „Führungskräftekompetenz und -Leistung schwieriger zu messen und vorherzusagen sind" (Übersetz. d. Verf., nach Borman et al. 1993: 448).

6.8 Studie Kolz, McFarland, Silverman (1998)

Kolz et al. (1998) untersuchten den Zusammenhang von Berufserfahrung und Intelligenz mit der Arbeitsleistung anhand von 176 Arbeitnehmer eines Fertigungsunternehmens.

Die Arbeitsleistung wurde durch die Beurteilung von Vorgesetzten gemessen, die Berufserfahrung wurde durch die Anzahl der Jahre definiert, die ein Arbeitnehmer in der gleichen Tätigkeit und im selben Unternehmen verbracht hat. Der Job war sehr routiniert und stark strukturiert. Anhand zweier Messmethoden (mechanisches Verständnis und Umfrage über die Eignung der Mitarbeiter) kamen sie zu dem Ergebnis, dass Berufserfahrung die Arbeitsleistung voraussagt.

Mit zunehmender Berufserfahrung steigt die Beziehung zwischen der Arbeitsleistung und der Umfrage über die Mitarbeitereignung. Jedoch konnte kein Zusammenhang zwischen Arbeitsleistung und

6.9 Zusammenfassung

Das vorletzte Kapitel befasste sich ausschließlich mit Studien, die den Zusammenhang zwischen Berufserfahrung und Arbeitsleistung erforschten. Leider fand sich darunter nur eine deutschsprachige Arbeit.

Dennoch konnte in den überwiegenden Studien eine positive Korrelation festgestellt werden. Wenn sich auch dieses Verhältnis laut McDaniel et al. umkehrt und für Sturman sogar gegen Null geht bei höherer Berufserfahrung.

7 Fazit

Will man sich auf eine Stelle für eine Position in höheren Hierarchieebenen eines Krankenhauses bewerben, wird die Bewerbung meist vorher aussortiert, da die nötige Berufserfahrung fehlt.

Der demografische Wandel wird nicht nur für die sozialen Sicherungssysteme in naher Zukunft zu Problemen führen, sondern auch in Unternehmen wird sich dieses Phänomen bemerkbar machen.

Deutschland wird auf einen Fach- und Führungskräftemangel zusteuern. Eine Möglichkeit diesen zu bewältigen ist der frühzeitige Aufbau von Führungskräften. Doch viele Unternehmen scheuen sich davor in der Führung unerfahrene Arbeitnehmer einzusetzen.

Die vorliegende Diplomarbeit machte es sich zur Aufgabe, den Zusammenhang zwischen Berufserfahrung und Arbeitsleistung mit Hilfe einschlägiger Literatur zu untersuchen. Dabei wurde die These bereits im Vorfeld durch die Umfrage bezüglich des Alters einiger Führungskräfte in Frage gestellt. Wie unter Kapitel 4.2 und 5 ersichtlich wurde, handelt es sich bei der Berufserfahrung und Arbeitsleistung um theoretische Konstrukte, welche nur schwer zu definieren und zu messen sind. Unter diesem Aspekt sollten die unterschiedlichen Studienergebnisse betrachtet werden. Während einige Studien die einfachere quantitative Messung der Berufserfahrung vornahmen (Sturman 2003; Kolz et al. 1998), präsentierten Quinones et al. (1995) beispielsweise ein Rahmenwerk mit neun Operationalisierungsformen für Berufserfahrung. Zwar konnten fast alle Studien eine positive Korrelation zwischen Berufserfahrung und Arbeitsleistung aufzeigen, diese variieren dennoch in ihrer Stärke und ihrem Verlauf. McDaniel et al. (1988) zeigten eine hohe Korrelation von .54 auf, während Sturman (20039 lediglich eine Korrelation von .18 ermittelte. Einig sind sich die Forscher in der Erkenntnis, dass die anfängliche positive Wechselbeziehung zwischen Berufserfahrung und Arbeitsleistung mit höherer Erfahrung abfällt (McDaniel et al. 1988; Schmidt et al. 1986) und teilweise ins Negative geht (Sturman 2003). Zudem wurde der moderierende Effekt der Komplexität ersichtlich. Während Sturman (2003) in high complexity jobs eine zunehmende Korrelation von Berufserfahrung und Arbeitsleistung entdeckte, gingen McDaniel et al. (1988) vom gegenteiligen Ereignis aus. Sie fanden heraus, dass gerade in low complexity jobs die Validität höher ist. Sturman (2003) begründet das mit einer schnelleren Wissengewinnung der unerfahrenen Arbeitnehmer.

Einige Studien befassten sich hingegen nicht mit der Arbeitskomplexität (Kolz et al. 1998). Auch dies führt zu unterschiedlichen Ergebnissen. Leider beschäftigten sich nur zwei Studien mit der Auswirkung der Berufserfahrung auf die Arbeitsleistung speziell bei Führungskräften (Kanning & Fricke; Borman 1993). Dabei fanden Borman et al. eine schwache positive Korrelation (.19) heraus, während Kanning & Fricke mit ihrer Potenzialanalyse aufzeigen, dass Personen ohne Führungserfahrung stets besser abschneiden, als Führungserfahrene Kollegen.

Mehr Untersuchungen bezüglich der Berufserfahrung von Führungskräften sollte nicht nur für die Autorin interessant sein und in naher Zukunft umgesetzt werden. Interessant ist, dass die Studien, welche die Komplexität berücksichtigten, herausfanden, dass die Korrelation von Berufserfahrung zu Arbeitsleistung gerade in high complexity Jobs höher ist, als in low complexity Jobs.

Daraus, und aus den mehrheitlich übereinstimmenden Aussagen der untersuchten Studien, ergibt sich für die Autorin die Erkenntnis, dass eine Berufserfahrung (von ca. 2 Jahre) vor Antritt einer Führungsposition durchaus gerechtfertigt ist, da eine solche Stelle zu den Jobs mit einer gesteigerten Arbeitskomplexität gehört.

Fraglich bleibt, wo „Anfänger" diese 2 Jahre herbekommen sollen. Denkbar ist vorerst eine Stelle als stellvertretende Leitung. Zu Bedenken ist aber, dass die vorgestellten Studien bis zu 30 Jahre alt sind. Interessant wäre eine Neuauflage. Organisation und Mitarbeiter profitieren jedenfalls von einer Führungserfahrung.

Literaturverzeichnis

Ackerman, P. L. (1987): Individual differences in skill learning: An Integration of psychometric and Information processing perspectives. In: Psychological Bulletin, 102, S. 3-27

Avolio, B. J.; Waldman, D. A. (1990): An examination of age and cognitive test performance across job complexity and occupational types. In: Journal of Applied Psychology, 75 (1), S. 43-50

Bahnmüller, R. (2012): Messen und Messbarkeit von Leistung. Vortrag auf Leistungs- und erfolgsbezogen Entgelte der Hans-Böckler-Stiftung, Frankfurt / Main

Barrick, M. R; Mount, M. K. (1991): The big five personality dimensions and job performance: A Meta-Analysis. In: Personnel psychology, Vol. 44, Issue 1, S. 1-26

Benson, G.S.; Finegold, D.; Mohrman, S. (2004): You Paid for the Skills, Now Keep Them: Tuition Reimbursement and Voluntary Turnover. In: The Academy of Management Journal, Vol. 47, No. 3, S. 315-331

Berthel, J. (1992): Führungskräfte – Qualifikationen (Teil 1). In: Zeitschrift Führung + Organisation, 4/1992 (S. 206 – 211), Stuttgart: Schäffer-Poeschel

Berthel, J. (1992): Führungskräfte – Qualifikationen (Teil 2). In: Zeitschrift Führung + Organisation, 5/1992 (S. 279 – 286), Stuttgart: Schäffer-Poeschel

Böhme, G.; Potyka, K. (1995): Erfahrung in Wissenschaft und Alltag: Eine analytische Studie über Begriff, Gehalt und Bedeutung eines lebensbegleitenden Phänomens. Idstein: Schulz-Kirchner Verlag.

Bommer, W. H., Johnson, J. L.; Rich, G. A.; Podsakoff, P. M.; Mackenzie, S. B. (1995): On the interchangeability of objective and subjective measures of employee performance: A meta-analysis. In: Personnel Psychology, Vol. 48, Issue 3, S. 587– 605

Borman, W. C.; Hanson, M. A.; Oppler, S. H.; Pulakos, E. D.; White, L. A. (1993): Role of Early Supervisory Experience in Supervisor Performance. In: Journal of Applied Psychology 78 (3), S. 443-449

Braun, D. (2016): Das 2x2 der Führung. Führungsinstrumente, die Sie als Chef kennen müssen. Düsseldorf: Symposion Publishing

Breisig, T. (2003): Entgelt nach Leistung und Erfolg, Grundlagen moderner Entlohnungssysteme. Frankfurt / Main: Bund-Verlag

Bruggmann, M. (2000): Die Erfahrung älterer Mitarbeiter als Ressource. Wiesbaden: Deutscher Universitäts – Verlag

Bungardt, T. H. (1981): Operationalisierung eines Dispositionsbegriffs am Beispiel der Glaubwürdigkeit. Hanau: Haag + Herchen

Chomsky, N. (1965): Aspects of the theory of Syntax. 2. Auflage, Cambridge, Mass.: MIT Pr.

Ernst & Young GmbH Wirtschaftsprüfungsgesellschaft (2009): Studenten in Deutschland 2009. Was sie bewegt. Wohin sie wollen. URL: https://blog.recrutainment.de/wp-content/uploads/2009/09/Studentenstudie_2009.pdf [Stand: 25.10.2017].

Hammel, W. (1997): Was ist Erfahrung. 1. Auflage, Hamburg: Dr. Kovac

Heyse, V.; Erpenbeck, J.; Ortmann, S. (2015): Kompetenz ist viel mehr. Erfassung und Entwicklung von fachlichen und überfachlichen Kompetenzen in der Praxis. Band 9, Münster: Waxmann

Hinterhuber, H. H., Krauthammer, E. (2001): Leadership – mehr als Management. Was Führungskräfte nicht delegieren dürfen. 3. Auflage, Wiesbaden: Gabler

Hunter, J, E.; Hunter; R. (1984): Validity and Utility of Alternative Predictors of Job Performance. In: Psychological Bulletin, 96 (1), S. 72-98

Kanning Prof. Dr., U; Fricke, P (2013): Führungserfahrung: Wie nützlich ist sie wirklich? in: Personalführung, 1.2013, 48-53

Kienbaum Management Consultants GmbH (2009): Was motiviert die Generation Y im Arbeitsleben? Studie der Motivationsfaktoren der jungen Arbeitnehmergeneration im Vergleich zur Wahrnehmung dieser Generation durch ihre Manager. URL: www.kienbauminstitut ism.de/.../Kienbaum_Studie_Generation_Y_2009_2010.pdf [Stand: 14.11.207].

Koller, S. (1989). Vom Wesen der Erfahrung. Stuttgart: Georg Thieme Verlag. Kolz, A. R.; Mcfarland, L. A.; Silverman, S. B. (1998): Cognitive Ability and Job Experience as Predictors of Work Performance. In: The Journal of Psychology, 132 (5), S. 539-548

Kotter, J. P. (1990): A Force for Change. How Leadership Differs from Management. New York: The Free Press

Kromrey, H (1994): Empirische Sozialforschung. 6. Auflage, Opladen: UTB Leske + Budrich

McDaniel M. A.; Schmidt, F. L.; Hunter, J. E. (1988): Job Experience Correlates of Job Performance. In: Journal of Applied Psychology, 73 (2), S. 327-330

Motowidlo, S. J. (2003): Job Performance. In: Handbook of Psychology. Borman, W. et. al. (Hrsg). Volume 12, Hobocken, NJ: Wiley

Neuberger, O. (1995): Führen und geführt werden. Stuttgart: Enke

Neuberger, O. (2002): Führen und führen lassen. 6. völlig neu bearb. u. erweit. Auflage, Stuttgart: UTB

Ng, T. W. H., & Feldman, D. C. (2008). The relationship of age to ten dimensions of job performance. In: Journal of Applied Psychology, 93(2), 392-423.

Ng, T. W. H.; Feldman, D. C (2009): How broadly does education contribute to job performance? In. Personnel psychology, Vol. 62, Issue 1, S. 89 – 134

Quinones, M. A.; Ford, J. K.; Teachout, M. S. (1995): The relationship between work experience and job performance: A conceptual and Meta-Analytic review. In: Personnel Psychology Vol. 48, Issue 4, S. 887 – 910

Salgado, J. F (2017): Moderator effects of job complexity on the validity of forced-choice personality inventories for predicting job performance. In: Journal of Work and Organizational Psychology, Amsterdam: Elsevier https://www.sciencedirect.com/science/article/pii/S1576596217300385

Schmidt, F. L.; Hunter, J. E.; Outerbridge, A. N.; Goff, S. (1988): Joint Relation of Experience and Ability With Job Performance: Test of Three Hypotheses. In: Journal of Applied Psychology, 73 (1), S. 46-57

Schmidt, F. L.; Hunter, J. E.; Outerbridge, A. N. (1986): Impact of Job Experience and Ability on Job Knowledge, Work Sample Performance, and Supervisory Ratings of Job Performance. In: Journal of Applied Psychology, 71 (3), S. 432-439

Schnell, R; Hill, P. B.; Esser, E. (2013): Methoden der empirischen Sozialforschung. 10., überarb. Auflage, München: Oldenbourg

Stier, W. (1999): Empirische Forschungsmethoden. 2., verbesserte Auflage, Berlin: Springer

Sturman, M. C. (2003): Searching for the Inverted U-Shaped Relationship Between Time and Performance. Meta-Analyses of the Experience / Performance, Tenure / Performance, and Age / Performance Relationships. http://scholarship.sha.cornell.edu/cgi/viewcontent.cgi?article=1118&context=artic les

V. Rosenstiel, L.; Regnet, E.; Domsch, M. E. (2014): Führung von Mitarbeitern. Handbuch für erfolgreiches Management. 7. Auflage, Stuttgart: Schäffer – Poeschel

Weibler, J. (2012): Personalführung. 2., komplett überarb. und erweit. Auflage, München: Vahlen

Weiß, R.; Dietzen, A. Nickolaus, R.; Rammstedt, B. (2016): Kompetenzorientierung. Berufliche Kompetenzen entwickeln, messen und anerkennen. 1. Auflage, Bielefeld: Bertelsmann